WESTEND

Mathias Richling

DAS VIRUS DEMOKRATIE?

Eine Abschätzung

WESTEND

Mehr über unsere Autoren und Bücher:
www.westendverlag.de

Die Deutsche Nationalbibliothek verzeichnet diese Publikation in der Deutschen Nationalbibliografie; detaillierte bibliografische Daten sind im Internet über http://dnb.d-nb.de abrufbar.

MIX
Papier aus verantwortungsvollen Quellen
FSC
www.fsc.org
FSC® C083411

ISBN 978-3-86489-345-2

Umschlaggestaltung: Buchgut, Berlin
Satz: Publikations Atelier, Dreieich
Druck und Bindung: CPI – Clausen & Bosse, Leck
Printed in Germany

Inhalt

5. AKT
Die Welt in Corona – Irreleitungen in der Regierung 189

EPILOG –
Die Welt nach Corona 201

PROLOG

1 Was geschah bisher?

Kaum war die neue Zeit des Corona angebrochen und ein paar Wochen ins Land gegangen, ergoss sich wieder mal einer von etlichen Shitstorms über Deutschland. Die Hater im Netz äußerten sich fassungs- und stillos. Wie üblich in gemeinsamem Mental-Orgasmus. Ohne die Argumente gegeneinander aufzuwiegen. Da Feinwaagen ohnedies in einer Gesellschaft grob gezimmerter Ansichten und großzügig verteilter Vorverurteilungen nicht mehr sehr häufig in Gebrauch sind.

War was passiert? Möglicherweise!
Bei »Maischberger – Die Woche« (ARD/13.5.2020)
schreckte ein Satiriker
– im Vertrauen: Es war der Autor – mit Thesen zu COVID-19 (seinerzeit noch unmutiert) und zu den verbeamteten Lockdown-Befürwortern wie Angela Merkel, Karl Lauterbach und Lothar Wieler auf. Zu Letzterem merkte der »SPIEGEL« in seiner Ausgabe vom 1.5.2020 an:

»Widersprüche und falsche Empfehlungen –
Das überforderte Robert Koch-Institut«
(Von Gunther Latsch, Cornelia Schmergal, Andreas Wassermann und Antje Windmann)
»R-Faktor, Verdopplungszahl, Maskenpflicht: Die Aussagen von RKI-Präsident Wieler sind in vielen Fällen nicht eindeutig (...). Seit Corona hat die Republik neue Rituale. Das morgendliche Pressebriefing des Robert Koch-Instituts (RKI) gehört dazu. Da sitzt dann der Präsident Lothar Wieler, 59, (...) und verkündet Neues zum Virus und das, was sein Institut für berich-

tenswert hält. (...) Vorfälle offenbaren nicht nur, mit welchen Unsicherheiten zuweilen die Daten behaftet sind, mit denen das RKI und ihr Präsident hantieren, sondern auch, wie ungeschickt die Behörde kommuniziert. (...) Je länger diese das Land im Griff hat, desto stärker mehren sich die Hinweise, dass diese Bundesbehörde mit der Krise überfordert ist und widersprüchlich agiert. (...) Das RKI ist kein Hort der Spitzenforschung, es ist eine Bundesbehörde, die in weniger infektiösen Zeiten etwa in derselben Liga spielt wie die Bundesanstalt für Materialforschung (...).«

Nichts Anderes hatte der Autor im Gespräch mit Sandra Maischberger behauptet als das sich täglich Widersprechende und anscheinend Wichtigmachende an den Herren Wieler und Lauterbach. Das hinderte den SPIEGEL nicht, in Gestalt einer vorlauten freien Mitarbeiterin oder Volontärin oder Sekretärin, den Autor ausgesprochen untergriffig zu attackieren. Indem sie seine Argumentationen aus den Ängsten der Bevölkerung heraus und auf der Basis der von der Bundesregierung selbst herausgegebenen Fakten diffamierte als teils ›krude Ideen‹. Mit durchgehenden Unterstellungen und Falsch-Interpretationen, die nahelegten, dass sie selbst stark unterbrochenen Lieferketten für Fakten und Tatsachen ausgesetzt war. Offenbar auch ohne den Artikel ihres eigenen Arbeitgebers gelesen zu haben.

2 Grundgelegte Fakten

Vor diesem Hintergrund ist es zwar selbstverständlich, aber gleichwohl unbedingt angebracht, nachdrücklich zu betonen – gerade aufgrund der allgemeinen öffentlichen Stimmung insgesamt, nur noch auf Reizworte zu reagieren und missverstehen zu wollen –, dass

alles Folgende gesagt und geschrieben ist
ausschließlich auf der Basis der Informationen,
die Robert Koch-Institut,
Weltgesundheitsorganisation
und deutsche Bundesregierung
bekannt gaben und auch seit Beginn der Pandemie
bis heute ständig wiederholen.
Nämlich:
Dass 85 Prozent der Infektiösen
keine Symptome hätten.
Dass die Letalität, also das Sterberisiko derer,
die infiziert sind,
je nach Nation,
zwischen 0,01 Prozent und 1,8 Prozent liege.
Dass es also bei den restlichen 15 Prozent
leichte, mittlere und schwere Ausbrüche
der Krankheit gebe.
Und dass es demgemäß dramatische Verläufe
bei circa 5 Prozent der Infizierten gibt.

Die für die Betroffenen furchtbar sind.
Aber dramatische Verläufe gibt es bei AIDS, bei Malaria, bei TBC ebenso. Deswegen ergibt sich die Frage seither für jeden, der durch die Rundum-Sorgen-Pakete der Regierung in seiner Existenz bedroht oder schon vernichtet ist, wie hoch der Wert eines Menschenlebens ist? Oder wie viel von seinem Hab und Gut oder von seiner Lebensqualität oder von seinem Leben oder seiner Freiheit oder seiner Grundrechte schlechthin man hergeben muss, damit ein anderer überlebt.

Gleichwohl:
Um den anonymen Proteststürmen im Netz entgegenzuwirken, die sich stets daraus ergeben, wenn irritierte Mitbürger rational einer irritierenden Maßnahmenpolitik der Bundes- und Landesregierungen widersprechen oder sie infrage stellen oder nur eine Frage dazu stellen, gab es dazu im Mai 2020 mit sachlicheren Medien wie etwa der Stuttgarter Zeitung und Uwe Bogen die eine und andere Richtigstellung der anhaltenden Unterstellungen:

3 Interview 1 zur Lage der eigenen Situation

Mit Uwe Bogen in der »Stuttgarter Zeitung« im Mai 2020.

UB Ein Kabarettist ohne Shitstorm hat wohl was falsch gemacht? Sie haben nach Ihrem Auftritt bei Maischberger heftige Angriffe abbekommen. Wie schmerzhaft sind die für Sie? Fühlen Sie sich falsch verstanden?

MR Schmerzhaft sind solche Angriffe für unsereins schon deswegen nicht, weil man es als Satiriker gewohnt sein muss, falsch verstanden zu werden. Das regt übrigens auch die Diskussion an und das eigene Weiterdenken.

Im Fall meines Besuches bei Sandra Maischberger hat sich aber gezeigt, dass ein Satiriker in einem anderen Rahmen als seiner eigenen Satire-Sendung offenbar nicht als solcher wahrgenommen wird, sondern als reiner Kommentator, als Fachmann für irgendein Thema oder sogar als Politiker. Wenn es dann noch um ein so ernstes Thema wie diese Corona-Krise geht in einer solchen Sendung, tut man sich aber schwer, dort kabarettistisch launige Bemerkungen dazu zu machen.

Und das war offenbar das Problem:

Ich war zum Thema nicht distanziert genug,

wie ich es in meinen Sendungen von mir gewohnt bin.

Aber das ist kein Wunder:

Denn diese Krise ist allumfassend für die meisten Menschen in diesem Lande. Und zwar eben nicht nur gesundheitlich, sondern auch wirtschaftlich und psychisch.

Ich spreche nicht für mich. Mir geht es gut. In jeder dieser Hinsichten. Weil ich für mich alleine arbeite: Ich schreibe zuhause. Und ich habe mich immer für eine gewisse Zeit auf Notfälle vorbereitet. Nein, ich wollte sprechen für unzählige Kollegen, Freunde, Bekannte und Unbekannte, die nicht nur in Angst vor Ansteckung leben, sondern zusätzlich noch viel mehr in Angst vor der Zukunft in Arbeitslosigkeit, vor vielleicht einem Währungsschnitt, vor Existenznöten. Und wenn Sandra fragte, ob unsere Regierung alles richtig gemacht hat, und meine Antwort nein war, heißt das NICHT, dass diese Regierung alles falsch gemacht hat. Es heißt nur, dass ich persönlich aufgrund der anderen Ängste der Menschen der Ansicht bin, dass ich zum Beispiel das schwedische Modell des nur teilweisen Herunterfahrens des öffentlichen Lebens für erträglicher halte. Um eben die anderen Ängste außer der gesundheitlichen nicht ins Uferlose laufen zu lassen. Daraus zu machen, ich leugnete Corona, ist ein leider nicht selten gewordener Schwachsinn.

UB Von Boris Palmer wissen wir, dass er was Provokatives raushaut und dann zurückrudert. Rudern Sie nun auch zurück? Sind Sie der Palmer des Kabaretts?

MR Nein, natürlich rudere ich nicht zurück.
Ich weiß nur, dass man aus Respekt vor den anderen Gästen in einer solchen Sendung, die genauso lange zu Wort kommen wollen, nur punktuell und ausschnittweise und zusammengerafft seine Vorstellungen darlegen kann. Das führt automatisch zu Missverständnissen. Wobei ich sagen muss, dass ich für alles, was ich bei Sandra Maischberger gesagt habe, von doch etlichen Zuschauern höchste Unterstützung und Dank gesagt und geschrieben bekommen habe. Und glauben Sie mir, in der Art und Weise, wie diese Zuschauer sich geäußert haben, waren da keine Radikalen egal aus welcher Richtung dabei.
Also habe ich nicht zurückzurudern.
Aber ich bin gerne bereit, auch in meiner nächsten Sendung beim SWR, dies immer wieder und ausführlicher zu erläutern.
Denn ich kann es nur noch mal sagen:

Meine Sorge und leider meine Gewissheit sind, dass die Angst vor Corona ablenkt von viel, viel größeren Ängsten, die die Menschen zusätzlich haben.
Insofern bin ich auch nicht der Palmer des Kabaretts. Boris Palmer ist der Kabarettist der Politik. Der Politiker des Kabaretts bin ich aber nicht. Ich beleuchte die Politik nur.

UB Sie zählen von Ihrem Alter her zur Risikogruppe. Haben Sie keine Angst vor einer Ansteckung mit dem Corona-Virus?

MR Nein, ich habe keine Angst.
Erstens habe ich keine Vorerkrankung und zweitens wurde ich schon von so vielen Leuten mit allem Möglichen angesteckt, was zwar vergleichsweise harmloser war, aber durch mehr Distanz auch gut hätte vermieden werden können.
Denn das ist das – wenn ich das anmerken darf, ohne gleich wieder gescholten zu werden, ich betrachtete Corona als etwas Positives und leugnete damit die Gefährlichkeit, hüstel, hüstel – , was ich als Positives aus der Bewältigung der Krise mitnehme:
Die gnadenlose Distanzlosigkeit der Menschen wird endlich überwunden. Die geht mir seit Jahren auf die Nerven. Jedem Kassierer an der Tankstelle oder im Supermarkt hätte ich schon vor Jahrzehnten eine Plexiglasscheibe gegönnt, damit der sich nicht dauernd anspucken lassen muss, wenn der Kunde mit Zischlauten raus posaunt:
»Isch brauchch nochchh Zzzzzigaretthhen.«

UB Sind Sie im Nachhinein glücklich mit Ihrem Auftritt bei Maischberger? Oder haben Sie was falsch gemacht?

MR Erstens bin ich nicht unzufrieden. Weil es auch so viele positive Reaktionen gegeben hat. Und zweitens nein. Ich habe nichts falsch gemacht. Ich habe vielleicht nur zu verkürzt sprechen können. Das liegt, wie gesagt, in der Natur der Sendung. Aber ich habe versucht, mich an das zu halten, was offensichtlich ist. Und es ist **NICHT** krude, wenn ich Lothar Wieler vom RKI für überfordert halte und ihm unrichtige, ständig wechselnde Empfehlungen vorwerfe. Damit habe ich ausschließlich ein hochgeachtetes Wochenmagazin wörtlich zitiert.

Wenn der »SPIEGEL« dann eine Vorstadtkommentatorin mich deswegen in peinlicher Weise in Abrede stellen lässt, lässt der »SPIEGEL« es zu, sich selbst zu torpedieren. Ein unsäglicher Vorgang. Und die Dame sollte vielleicht künftig doch besser nur den Gesangsverein ›Frohlust‹ begutachten oder ähnliche Freizeitbeschäftigungen.

UB Corona spaltet die Gesellschaft. In Stuttgart gibt es Wutbürger und Aluhutbürger. Zu welcher Gruppe gehören Sie?

MR Ich gehöre de facto zu keiner Gruppe. Aber ich bemühe mich, die Wut der Bürger, die ich oft teilen kann, unter keinen Aluhut zu bringen. Denn auch hier ist immer darauf zu achten, dass aus Wut nicht Radikalität wird. Wer Demokratie fordert, muss sie selbstverständlich auch leisten. Auch wenn die Magenkuhle schmerzt dabei.

UB Halten Sie Corona wirklich für eine Grippe? Fast alle Experten sagen, dies sei nicht so. Lassen Sie sich nicht von Ergebnissen der Wissenschaft beeindrucken?

MR **Das tue ich NICHT!!!!**

Ich habe bei Sandra Maischberger Corona NICHT für eine Grippe gehalten. Zu mir hat sich auch rumgesprochen, dass die Gefährlichkeit von Corona gut vier bis fünf Mal so hoch ist, dass man die Spätfolgen nicht kennt, und so weiter. Ich habe lediglich die altbekannte Wahrheit gewagt, anzumerken, dass es bei der letzten Virusgrippe (2017/2018) 10 Millionen Infizierte gab und 25 100 Tote. Und dass der Impfstoff damals auch nicht hinreichend wirkungsvoll war. Und ich wollte gefragt haben, warum man damals in keinster Weise auch nur im Entferntesten ebenso Abstandsmaßnahmen eingeführt hat? Weil es nicht ganz so gefährlich war? Damit stelle ich doch nicht die Wissenschaft hinsichtlich Corona infrage.

UB Wie wird es mit Deutschland weitergehen, wenn das Corona-Virus uns die nächsten Monate begleitet?

MR Das wissen wir ja eben nicht. Es ist nur zu hoffen, dass man mehr darauf achtet, die Menschen mitzunehmen. Nicht allein in puncto Gesundheit, sondern auch seelisch.

4 Lothar Wielers mögliches Redeprotokoll

Lesen wir darüber hinaus dazu,
was in Dauerschleifen dieser angesprochene Lothar Wieler als Chef des Robert Koch-Institutes (RKI) seit März 2020 so gut wie täglich in Ausführlichkeit verlauten ließ, während er den Eindruck vermittelte, jeden einzelnen Infizierten am liebsten persönlich vorstellen zu wollen. Und den inzwischen der deutsche Zuschauer beinahe besser kennt als die deutsche Bundeskanzlerin.
Oder ist Lothar Wieler bereits Bundeskanzler?
Jedenfalls ist er, wie Frau Merkel, Wissenschaftler.
Zwar kein Physiker wie sie.
Wohl aber, und das macht seine fachliche Qualifikation in dieser Corona-Krise besonders pikant, ist er Veterinär-Mediziner.
Das heißt, er ist Tierarzt.
Und so erklärt sich auch, dass er die Deutschen in dieser Zeit sichtbar behandelt wie eine Kuhherde. Respektive wie ein Volk von Rindviechern. Auch bei Maul- und Klauenseuchen wird nicht individuell nach jedem einzelnen Tier geschaut. Es wird der ganze Bauernhof dichtgemacht. Deutschland wie einen befallenen Gutshof ganz dichtzumachen, war immer der große Traum von Lothar Wieler. Vor allem, weil immer mehr Bürger sich nicht gegen alle Maßnahmen, wohl aber gegen die irrationalen dieser Maßnahmen mit Maul und Klauen wehren.
Achtung!
Das hat Lothar Wieler Anfang April 2020 nie gesagt.
Aber so klang es.

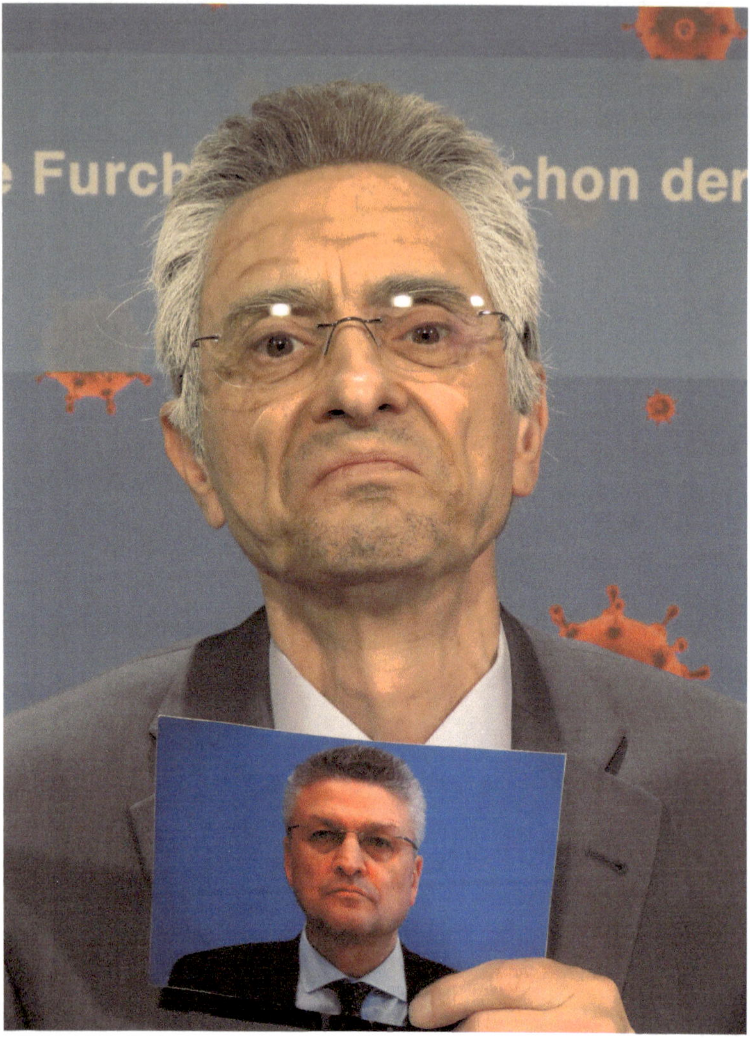

»Meine sehr verehrten Damen und Herren,
da ich Chef bin des Robert Koch-Instituts, abgekürzt RKI, bin ich durch Kompetenz befugt, Ihnen zur laufenden Krise, die ausgelöst wurde durch COVID-19, kurz genannt Corona-Virus, die aktuellen Zahlen zu benennen, um Ihnen die Sicherheit zu nehmen, die im Rahmen der allgemeinen Leichtsinnigkeit in Deutschland regional und personell immer noch in unterschiedlicher Weise anzutreffen ist. Und zwar gehe ich da davon aus, dass wir etwas wissen, was wir schon lange wissen. Aber das wissen wir nur insofern schon lange, als wir es als Wissen nicht wissentlich wahrgenommen haben.
Wenn ich verstehe, was ich meine.

Ich habe jedenfalls meine Aussagen zur Ungefährlichkeit des Corona-Virus für Deutschland, die ich im Januar 2020 von mir gegeben habe, in puncto Falldefinition und Flussschema angepasst. Und angepasst habe ich auch die Maßnahmen den epidemiologischen Gegebenheiten als Differentialdiagnose.
Die Dunkelziffer meiner Aussagen ist mir unbekannt.
Ich kann nicht sagen, wie viel mir noch dazu einfällt.

Wir haben inzwischen trotz der Empfehlungen des RKI keine Veränderungen im Verhalten des Virus feststellen können. Im Gegenteil stellt sich die Situation so dar, dass hochgerechnet für ganz Deutschland, wenn wir alle einzelnen Landkreise und Bundesländer zusammen addieren, in den akuten ersten drei Wochen der Krise insgesamt 25 100 tote Deutsche zu verzeichnen waren in Deutschland, und an Infizierten 10 Millionen deutsche Infizierte. Das soziale und wirtschaftliche Leben in Deutschland deswegen lahmzulegen, halten wir für nicht nötig und …
Oh, Moment!
Das sind die Unterlagen und Anweisungen und Zahlen –
zur Grippe-Virus-Krise 2017/2018.

Also möchte ich zur aktuellen Lage noch einmal betonen:
Wir sind erst am Anfang der demokratischen Veränderungen.
Ääh. Entschuldigen Sie den Versprecher:
Wir sind erst am Anfang der epidemischen Veränderungen, war gemeint.

Wenn die Zukunft schon nicht vorhersehbar ist,
müssen wir den Menschen vorhersehbar machen.
Die Gesellschaft muss auf Sicht fahren.
Theater, Konzerte und Veranstaltungen können nur noch spontan durchgeführt werden und sind nicht planbar über Monate, Wochen oder Tage im Voraus. Es dürfen auch nur diejenigen außer Haus, die nicht Risikogruppe sind. Wobei sich die Risikogruppen verändern. Das können auch mal junge, trainierte Menschen sein. Das wissen wir aber jetzt nicht.
Also bleiben am besten alle zuhause.

Denn es ergibt sich die Tatsache, dass ganz aktuell durch saisonale Wellen allein von gestern auf heute regional und legionell unterschiedlichste Infektionsraten zu verzeichnen sind.
Und zwar sind da landesweit starke Unterschiede,
die mit anderen Landesweiten nicht vergleichbar sind.
So sind zum Beispiel in Esslingen von gestern auf heute statt 12 jetzt 13 Personen infiziert, was einer Steigerung entspricht von circa genau 8,34 Prozent. In Albstadt sind von gestern 14 heute 16 Personen infiziert. Das sind 14,3 Prozent mehr. Wenn Sie das hochrechnen, sind es bald 18 Infizierte in Albstadt. In Aachen sind es 11 Infizierte statt gestern 10. Sind 10 Prozent. Sie können auf unserer Website alle Quoten der Städte, Dörfer und Gemeinden abrufen. Und auch, was die jeweilige prozentuale Steigerung bedeutet, wenn sie auf ganz Deutschland hochgerechnet wird.

Das wären also bei Esslingen mit einer Einwohnerzahl von 93 500 und 12 Infizierten ein Anteil von 0,053 Prozent. Und das wären dann für Gesamtdeutschland 4 399 Infizierte. Wenn Sie das steigern um die 8,34 Prozent, die Esslingen von gestern auf heute mehr hatte, kommen Sie im Bund an einem Tag auf 366,87 Infizierte mehr.
Nehmen Sie aber Aachen als Maßstab für den Bund mit 247 500 Einwohnern, sieht die Sache schon wieder dramatischer aus. Denn dann sind wir bei 10 Infizierten bei 0,0405 Prozent der Aachener. Und hätten so im Bund bei 83 Millionen Deutschen eine Infiziertenquote von 336,15. Wenn Sie das steigern um 10 Prozent, haben Sie am Tag 33,61 Infizierte mehr – im Bund. Allerdings nur bezogen auf Aachen.

Es ist wichtig, dass sich jeder diese Zahlen vor Augen führt und mit sich trägt und auf Verlangen vorweisen kann, um sich die Gefährlichkeit der Situation permanent vor Augen zu führen.
Deswegen habe ich als Präsident des RKI als nächsten Schritt vor, dass wir die Historie jedes einzelnen Infizierten anonymisiert der Öffentlichkeit darstellen, um Parallelitäten möglicher kommender Opfer rechtzeitig erkennen zu können.
Wir müssen konstatieren,
dass das Leben bei den meisten zu kurz ist,
um mit der Krise fertig zu werden.

Rein statistisch kann man aber gegen diese Krise etwas tun. Und zwar jeder Einzelne: Wer bei einem Verkehrsunfall ums Leben kommt und das Corona-Virus in sich trägt, gilt als nicht an Corona verstorben. Also tun Sie da bitte etwas gegen die Alarmisierung durch die Statistik, indem Sie die Sterbeart für sich rechtzeitig ändern, bevor Corona, wenn Sie es haben, Ihnen etwas anhaben kann.

Es ist mir bekannt, dass die Zahl der Infizierten in China zurückgegangen ist, und zwar drastisch. Aber ich weise darauf hin, dass das vor allem nach unserem Wissensstand geschehen konnte durch einen Lockdown mit großen sozialen Verwerfungen durch die chinesische Regierung.
Das heißt im Umkehrschluss:
Wenn China wirklich keine oder wenig neue Infizierte hat, wovon wir – da wir keine anderen Informationen haben – ausgehen müssen, müssen wir einsehen,

dass Demokratie hinderlich ist.
Was im Umkehrschluss weiterführend dazu führt, zu der Erkenntnis zu kommen, dass Demokratie für die Gesundheit insgesamt hinderlich ist.

Und deshalb bin ich froh, dass die Bundesregierung sich den Empfehlungen des RKI von Anfang an bedingungslos unterworfen hat.
Demokratisch beherrscht man ein Land erst,
wenn es von politischer Seite her
unregierbar geworden ist.

Wir haben daher empfohlen, die Regierung künftig sogleich in die Hände von Medizinern und Virologen zu legen. Weil Viren und Krankheiten wie Krebs, AIDS oder Krankenhauskeime immer zahlreicher und virulenter werden. Und Regierungen ohnedies immer bei uns nachfragen, was sie jetzt machen sollen.

Da können wir es gleich selbst machen.

Wir wissen nicht, was an Viren noch in uns lungert. Und welche noch gar nicht zum Ausbruch gekommen sind. Deswegen empfehlen wir vom RKI sogar,

den Notstands-Staat zum Dauerzustand zu machen.

Um auch Viren, die es noch gar nicht gibt,

keine Chance zu geben, dass sie es gibt.

Wichtig bleibt – Abstand halten.

Auch zur Demokratie.

In der Summe heißt das:

Die Empfehlungen von uns Virologen sind existentiell vorrangig. Es ist jetzt entscheidend, dass Menschen leben.

Auch wenn sie künftig nicht wissen, wovon.«

5 Gegner ungleich Leugner

Das trieb also Deutschland um in dieser Zeit.
Es gab kein anderes Thema.
Zumal jede einzelne Nachrichtensendung zu jeder vollen Stunde Tag und Nacht im Radio sowie jede einzelne ›Tagesschau‹, jedes ›heute‹, alle News, jede Talkshow und jede Sondersendung im Fernsehen seit März 2020 mit dem Stichwort ›Corona‹ begonnen wurden.
In denen während der ersten zehn Monate der Krise die Wiedergaben der Stimmen derer, die die Rückgabe der Grundrechte einklagten, verdächtig kleingehalten wurden im Verhältnis zu den Stimmen derer, die die notwendigen, aber auch oft irrationalen Einschränkungen befürworteten.

**So war man oft schon versucht, zu fragen,
ob denn das eigentliche Virus die Demokratie sei?**

Und ob man in Wahrheit die Deutschen vor diesem Virus ›Demokratie‹ schützen müsse, damit nicht zu viele von ihm infiziert werden und damit die Inzidenz minimal gehalten wird, damit das Gemeinwesen nicht überlastet werde, wenn sich an demokratischen Werten Erkrankte in die leerstehenden Innenstädte ergießen?

Das alles führte dazu, dass Bürger, denen die Maßnahmen gegen Corona zu Teilen willkürlich und widersprüchlich vorkamen, sich gezwungen sahen, ständig neu repetieren müssen:

Maßnahmen-Gegner sind KEINE Corona-Leugner.
Und sie sind auch KEINE Verschwörungstheoretiker!

Demonstranten sind mitnichten durchweg Neu-Nazis, AfDler oder Aufwiegler, sondern zum allergrößten Teil Menschen, die in ihrer Existenz nicht nur bedroht, sondern bereits zerstört sind. Sie haben das zusätzliche Pech, dass sie in ihrem Wunsch, ihre Not öffentlich zu machen, benutzt werden von einer minimalen rechten Minderheit, die lautstark genug ist, sich stärker in Szene zu setzen als die anderen.
Das wird gerne übersehen, weil es so einfacher wird, den Gegner regierungsamtlicher Tätigkeit groß genug erscheinen zu lassen.
Und es ist in höchstem Maße bedenklich, wenn im Zuge der Vorwürfe gegen die Anti-Corona-Maßnahmen – gerade weil diese eben oft nicht nachvollziehbar sind – höchste Regierungsvertreter, wie zum Beispiel auch der baden-württembergische Ministerpräsident, betonten, dass der größte Teil der Wirtschaft von den kritisierten Maßnahmen gar nicht betroffen sei.
Sicher in der vielleicht guten Absicht,
zu beruhigen oder ruhigzustellen.
Und vielleicht auch in der verkennenden Wirkung, dass diese Aussage in der Summe stimmen mag. Da Online-Handel, Handwerker et cetera jetzt den großen Reibach machen. Und dadurch das Bruttosozialprodukt tatsächlich vielleicht nicht so minimiert wird, wie man es hätte erwarten können.
Jedoch wurden die Einzelnen – der einzelne Fachhändler, der einzelne Unternehmer, der mittelständische Betrieb, der einzelne Künstler und der einzelne Direktor eines kleinen Theaters – mit solchen Worten vollkommen ignoriert. Wo doch immerhin der Deutsche Städtetag am Frühjahr 2021 vorgerechnet hatte, dass man mit Insolvenzen in den Innenstädten rechnete von bis zu 65 Prozent.

Andererseits wurde zugegebenermaßen aber auch eine gewisse Paradoxie plötzlich überdeutlich, in der sich ganz Deutschland aufregte über die Untersagung von Sterbebegleitung von Oma und Opa in Corona-Lockdown-Zeiten und die Minimalzulassung von Trauergästen bei einer Beerdigung, wo wir doch seit Jahren den Tod ohnehin zunehmend anonymisiert haben:

Gräber werden nach fünf Jahren nicht mehr verlängert. Es gibt immer weniger Todesanzeigen, damit keiner am Tod teilnehmen kann. Es wird ohne Namen beerdigt, verschachert, ins Meer geschmissen.
Wir haben den Tod schon lange abgeschoben.
In dieser Hinsicht müsste doch Corona für unsere steigende Emotionslosigkeit ausgesprochen hilfreich gewesen sein?

Und eine gewisse Paradoxie wurde ebenso deutlich in der Farce der politischen Vorgabe, dass zum Beispiel wegen Corona im Schulbetrieb die Schüler sich möglichst wenig durchmischen sollen und auf den Schultoiletten der Kontakt vermieden werden müsse. Was war denn in den Schulen los auf den Klosetts, fragte man sich? Was wurde hier unterstellt? Wo doch immerhin ein Gericht in Nordrhein-Westfalen gerade das Prostitutionsverbot aufgehoben hatte.
Oder war das zu weit gedacht?

Und eine Paradoxie und irritierende Lächerlichkeit wurden noch zusätzlich deutlich, wenn Kanzlerin Merkel auf den Einwand, dass es Schülern bei viertelstündlich geöffnetem Fenster in den Schulen im Winter einfach auf Dauer eines ganzen Schultages zu kalt würde, empfahl, man könne »ja auch mal zwischendrin **eine** Kniebeuge machen. Oder mal in die Hände klatschen«.
Oder wenn Gesundheitsminister Jens Spahn in der »Neuen Osnabrücker Zeitung« (9.12.2020) gar zitiert wurde: »Um die Ansteckungsgefahr im privaten Bereich zu minimieren, kann womöglich auch Gurgeln helfen.«

Und nicht nachvollziehbar wurde, dass es zum Beispiel als Bundesregelung ab dem Frühjahr 2021 eine Sperrstunde gab, in der man dennoch alleine von 22 Uhr bis 24 Uhr joggen durfte, aber in dieser Zeit alleine Auto zu fahren verboten gewesen ist.
Warum es überhaupt eine Sperrstunde gab, wo zu dieser Zeit alle Läden, Restaurants und Bars geschlossen waren, blieb unerklärt.
Ganz Findige wie der Gesundheitsminister sein wollende Karl Lauterbach argumentierten, dass man damit verhindern mochte, dass Menschen sich besuchen nach 22 Uhr. Hatte man folgerichtig in Hochhäuser Polizisten

abgestellt, die beobachteten, ob keiner seine Wohnung im ersten Stock verließ, um sich zum Nachbarn im zehnten Stock zu gesellen?
Oder war man in der Beschränkung von Grundrechten
einfach nur noch nicht so weit gekommen?

Auf dieser Basis spürte man seit Beginn der Krise eine denkwürdige Veränderung in der Gesellschaft.
Von November bis zum Dezember 2020 und dann vom Januar bis zum Frühjahr 2021 wurde der Lockdown immer weiter verschärft. Offenbar ohne Wirkung, denn es stiegen die Fallzahlen dennoch. Und trotzdem wurde berichtet, dass sich eine große Mehrheit der Bürger aussprach für noch mehr Stillstand und für noch längeren Stillstand und für noch schärferen Stillstand. Um die 85 Prozent, hieß es manchmal, würden noch weniger Kommunikation wollen, noch weniger Kontakte und noch weniger soziale Umfelder.
Ein Wert übrigens,
um den uns ein Erich Honecker beneidet hätte.
Das Lieblingsrestaurant war geschlossen, das bevorzugte Modegeschäft war pleite, der Stamm-Friseur war insolvent. Und alle diese Arbeitslosen oder Betroffenen waren für noch mehr Lockdown??
Wie selbstlos.
Fragte man sich da nicht manchmal, ob AIDS, Ebola und Malaria in Afrika mit Millionen von Toten im Jahr so viel harmloser sind als Corona, dass man nicht auch Afrika deswegen schon längst komplett gelockdownt hatte?

6 Kritik der unreinen Vernunft

Waren so viele Mitbürger wirklich seelisch so stabil, dass sie in Magazinen und in Reportagen fast nur Zustimmung zu noch mehr Beschränkungen in Schulen, Einzelhandel und bei persönlichen Kontakten bekundeten?
Waren die Befragten trotz aller Pleiten so beständig, dass kaum einer von ihnen Herrn Schäuble zustimmte, wenn er mit Blick auf die Abwägung zwischen Lebensschutz und Kollateralschäden auf Warnungen der Vereinten Nationen und der Welthungerhilfe vor Millionen von Unterernährung und Hungertod bedrohten Menschen verwies und wörtlich im Gespräch mit der »Neuen Osnabrücker Zeitung« im Dezember 2020 sagte und es im Januar 2021 noch einmal wiederholte:

»Gesperrte Häfen, geschlossene Märkte und unterbrochene Lieferketten treffen Bauern hart. Sie können ihre Ernte nicht mehr verkaufen, und es fehlt ihnen an Dünger und Saatgut, die Nahrungsmittelpreise steigen dadurch massiv. Wir können nicht um jeden Preis jedes Leben schützen, und alles andere muss dahinter zurücktreten.«

Wir hatten Hunderttausende von vernichteten Existenzen und keine Nachrichtensendung wurde eröffnet mit der klaren Analyse vom Tübinger Oberbürgermeister, Boris Palmer, wenn er anmerkte:

»Es reicht jetzt, wir müssen leben.«
Die Schäden an Wirtschaft und Gesellschaft seien exponentiell. »Der Innenstadthandel ist schon auf der Intensivstation, der fällt bald ins Koma. Wir halten das nicht durch.«

Weil Boris Palmer weiß, man kann einen Krebskranken mit so viel Chemotherapie überschütten, dass der Körper schließlich an der Chemotherapie kollabiert. Und so können wir die Menschen vor Corona mit so viel Lockdown überschütten, dass ihre Körper schließlich am Lockdown kollabieren.

Nun sind dies alles nicht Argumentationen und Befürchtungen von Menschen, die aus Verschwörungsabsicht den Staat hintertreiben wollen. Oder will man etwa den langjährigen Vizepräsidenten des Bundesverfassungsgerichts Professor Ferdinand Kirchhof in solcher Weise diffamieren, wenn er in der ZDF-Sendung »Berlin direkt« am 25.4.2021 sagte:

»Man kann eine Gesellschaft auch zu Tode schützen (...). Je länger das währt, umso mehr müssen wir auf die Interessen derer Rücksicht nehmen, in deren Grundrechte eingegriffen wird (...). Ein Beispiel: Wenn ich ein Restaurant für zwei Wochen zumache, dann ist das wie Betriebsferien. Das hält der Gastwirt aus. Wenn ich ein Restaurant aber faktisch ein ganzes Jahr schließe, dann kämpft dieser Gastwirt nur noch um seine ökonomische Existenz (...). Und das hat Herr Schäuble schon in den ersten Monaten gesagt: Das Leben ist der Güter höchstes nicht. Und mit diesem Zitat aus Schillers ›Braut von Messina‹ hat er deutlich gemacht, wir dürfen nicht nur auf die Gefahren des Virus schauen. Wir müssen auch auf die Gefahr schauen, was wir in der Gesellschaft, in der Wirtschaft und bei den Menschen damit Negatives anrichten.«

Will man den CDU-Politiker Wolfgang Bosbach schmähen, wenn er am 25.3.2021 in der »phoenix runde« bemerkte, dass die Menschen vielleicht zwei Wochen einen Lockdown aushalten, aber nicht ein ganzes Jahr! »Und mich wundert es schon, diese unterschiedliche Betroffenheit, dass die nicht eine große Rolle spielt. Denn diejenigen – Messe, Messebau, Kulturbetrieb, Gastronomie, Hotel, die jetzt nach Monaten mit dem Rücken zur Wand stehen, die nicht wissen, wie es mit ihnen und ihren Betrieben wirtschaftlich weitergeht, die können nicht diese Ruhe und diese Gelassenheit haben (wie die), die wissen, dass sie kein persönliches Risiko haben, die nicht um ihren Arbeitsplatz bangen und die ganz sicher sein können, dass ihr Gehalt pünktlich und in voller Höhe kommt.«

(Mit deutlicheren, anmerkenden Worten des Autors: die bräsig zu Hause in Sicherheit sitzen und nichts von den drastischen Folgen dieser Maßnahmen zu spüren bekommen.)
»Das ist ein großer Unterschied, auch in der Wahrnehmung dessen, was in den letzten Monaten geschehen ist!«

Will man Herrn Kirchhof und Herrn Bosbach des Querdenkertums bezichtigen oder dessen, was man dafür hält? Warum akzeptierte man nicht endlich höchste richterliche und regierungsamtliche Meinungen genauso wie die eines Herrn Wieler oder eines Herrn Lauterbach?
Warum wurde lange über solche Anmerkungen nicht genauso ausführlich und endlos und täglich berichtet wie über täglich heruntergebetete Corona-Zahlen? Und warum wurde darüber nicht genauso lange diskutiert wie über reale oder mögliche neue Maßnahmen?

Man könnte sich zusammenreimen, warum:
Wäre es denkbar, dass es eine freiwillige, logische und aus psychologischen Gründen durchaus nachvollziehbare Vereinbarung zwischen Regierung und Presse gibt, die Entscheidungen der Regierung möglichst nicht infrage zu stellen im Katastrophenfall?
Und den haben wir ja hier.
In der Schweiz ist das übrigens sogar Gesetz.
Und das würde auch Sinn machen.
Es wäre vollkommen schlüssig und selbstverständlich.
Stellen wir uns vor, wir wären im Katastrophenfall Krieg.
Und die Regierung beschlösse, in Moskau einzufallen –
da könnte die Presse nicht sagen:
Paris wäre uns aber lieber gewesen.
Deswegen.

7 Darf man über Corona lachen?

Summa summarum ist also immer noch zu fragen, ob der Eindruck täuscht, dass von Regierenden, Entscheidenden und auch Wichtigtuenden im Nichtwissen um die wirklich richtigen Maßnahmen zur Bekämpfung einer Pandemie

die Demokratie
als das eigentliche Virus empfunden wird?

Ist das Abwägen gegenteiliger Meinungen, selbst wenn sie fachlich und fundiert begründet sind, nur noch eine lästige Krankheit, die zudem als gefährlich dargestellt wird und Menschenleben kostet?

Zumindest die Leben derer, die diese Meinung äußern.
Weil es in einer gespaltenen Gesellschaft inzwischen sogar genügend neutrale Organe gibt, die sich so frenetisch von solcherart Gedanken absetzen, dass damit zu rechnen ist, beim Insistieren darauf an der nächsten Straßenecke erschlagen zu werden.

Wir haben es vor einiger Zeit erlebt:
53 seriöse, ernst zu nehmende Schauspieler haben sich in Ein-Minuten-Takes ironisch und sarkastisch geäußert über die genauso dramatischen Nebenwirkungen des Dramas »Virus-Krise«.
Es ergossen sich Gülle-Kübel unvorstellbaren Ausmaßes über sie. Zumindest verbal wurden sie an jeder Straßenecke erschlagen.
Sie wurden mit Vorwürfen überhäuft, sie hätten sich aus einem Elfenbeinturm mit dickem Finanzpolster hämisch erhoben über die Toten und Kranken, die von Corona betroffen waren.

Dieser Einwand war ein besonders infames Totschlagargument. Hatten doch diese Schauspieler in Wahrheit nur ihren bekannten Namen benutzt und ihre Popularität denen geschenkt, die keinen Namen haben, die nicht gehört werden und die an den Nebenwirkungen der Corona-Maßnahmen verhungert, erkrankt, gestorben sind oder deren Existenz nicht nur bedroht, sondern bereits ruiniert wurde.
Solche, die sich Satiriker nennen, empfahlen zynisch, wenn man mit den Maßnahmen nicht zurecht käme, sich Filmausschnitte von »Berlin, Charité« (ARD) anzuschauen. Diese ›Satiriker‹ erkannten Ironie nicht mehr und missachteten, was sogar Hofnarren im finsteren Mittelalter gestattet war: sich über Zustände, Politik, Entscheidungen, Krankheit und auch Tod lustig zu machen. Sie fielen zurück in eine subalterne, unterwürfige Verhaltensweise, wie wir sie zuletzt aus der Kaiserzeit erzählt bekommen haben. Kein Wunder, laufen sie heute teilweise noch auf unter dem Untertitel »Royal«.

Dies alles ungeachtet der Tatsache, dass das Grundgesetz in Artikel 5 die Meinungs- und Pressefreiheit ausdrücklich garantiert. Und nebenbei auch die Freiheit der Kunst.
Die Frage ergab sich schnell, ob nun diese Schauspieler, oder einige von ihnen, Deutschland verlassen müssen. Schon, weil ein paar von ihnen aufgrund der praktizierten und garantierten Freiheit ihrer Kunst, die weder beleidigend noch volksverhetzend noch anderweitig gesetzeswidrig gewesen war, mit teilweisem Berufsverbot belegt wurden. Respektive wurden ihnen Film- oder Theaterangebote vorenthalten oder diese wurden zurückgezogen.

Das einzige Problem mag hierbei gewesen sein, dass Zuschauer sich schwertun, Ironie als solche zu verstehen, wenn sie von Menschen kommt, von denen man Ironie gemeinhin nicht gewohnt ist.
Und vor allem, wenn dies in nur einer Minute vorgetragen wird. Ironie ist dem Deutschen ohnehin nicht sehr zugänglich, wenn man ihn nicht vorher mit der Nase draufstößt. Und auch dann kann es passieren, dass er sich über die gestauchte Nase beschwert und die Ironie immer noch nicht realisiert. Da bleibt kein Raum für genügend Distanz und für eine Gegenargumentation. Da bleibt oft, wie man gesehen hat, nur eine Reaktion auf ein Schlüsselwort, das alles andere vergessen lässt.

Und das gipfelte dann in der medialen Fragestellung (n-tv.de, 22.5.2021):

»Darf man über Corona-Witze lachen?
Die Corona-Pandemie ist eine Zeit mit hohen Belastungen (...) Angesichts vieler erkrankter Menschen und pandemiebedingter wirtschaftlicher Nöte stellt sich bei einigen Menschen die Frage, ob man dennoch lachen darf.«

Die Frage danach impliziert bereits die Forderung danach und ist hinlänglich nur bekannt von diktatorischen Regimen. Dass hier in vorauseilendem Gehorsam gewissermaßen moralische Schuldkomplexe bei den Mitbürgern initiiert werden sollen, unterstreicht die Ansicht vieler, dass Freiheitsrechte und freiheitliches Denken nicht nur aus hygienisch oder gesundheitlich notwendigen Gründen beschnitten wurden.

Es fand also eine erschütternde Polarisierung statt, in der es bloß diejenigen gab, die das Virus bestätigten, und diejenigen, die die Behandlungen und die Gegen-Maßnahmen dazu partiell kritisierten und deshalb gleichgesetzt wurden mit Leugnern der Krankheit insgesamt. Und damit gleichgesetzt mit einer generellen Bedrohung für Leib und Leben sämtlicher Deutscher.
Und dies war keine schnell dahingesagte Ansicht in Straßenumfragen, sondern es waren Ansichten von seriös und intelligent sein Wollenden, die gewissermaßen als Fachpersonal endgültig in dieser Sache urteilten.
Wenn beispielsweise ein ZDF-Professor namens Lesch in maßloser Überzogenheit und Undiffenrenziertheit in der ARD-Sendung »ttt – Titel, Thesen, Temperamente« (7.12.2020) zum Besten gab, dass die zahlreichen Demonstrationen gegen die Corona-Maßnahmen in Deutschland nur Ausdruck seien,

»dass da ein ganz heftiges Missverständnis besteht, wenn immer wieder sehr stark auf die individuelle Freiheit abgehoben wird und nicht daran gedacht wird, was die Einschränkungen der individuellen Freiheit für kurze Zeit für die Freiheit aller für lange Zeit bedeuten kann«. Dass so viele Menschen kritisierten, dass ihre individuelle Freiheit derzeit für einen kurzen Zeitraum eingeschränkt werde, zeige, dass »der Ethik-Unterricht in der Schule versagt hat«.

Offenbar hatten bei Herrn Lesch der Sozialkunde- und der Demokratieunterricht in der Schule versagt.
Und der Philosophieunterricht noch dazu.
Denn er bemühte zusätzlich Immanuel Kant mit dem Satz: »Handle so, dass deine Handlungen zum allgemeinen Gesetz erhoben werden können.« Was, auf die Corona-Situation übertragen, bedeuten sollte, so Lesch, »dass wir uns jetzt mal einschränken, damit wir demnächst wieder ein Leben führen können, welches zumindest in die Nähe von dem kommt, was vor Corona war«. Ungeachtet dessen, dass Kant eben vermittelte, dass das Leben nicht aufrechenbar ist. Andere Leben oder Existenzen sind nach Kant eben nicht zu opfern, um andere Leben oder Existenzen zu schützen.

Munter und wild durcheinander zitiert Lesch darüber hinaus noch das Grundgesetz, dass »eben auch die Würde der Anderen unantastbar ist«. Was ist aber denn mit der Würde der Anderen? Derjenigen, die mit Herz-, Kreislauf-, Krebs- und anderen Erkrankungen erst später – und vielleicht zu spät? – behandelt wurden, weil Corona in Arztpraxen und Krankenhäusern ganz allgemein Vorrang hatte? Was ist mit der Würde derer, die die ökonomische oder soziale oder psychische Existenzgrenze schon überschritten hatten?

Selbstverständlich gibt das Grundgesetz vor, dass der Staat Leben zu schützen hat. Und dass er dazu auch Freiheiten einschränken kann. Aber wo steht, dass Corona-Betroffene den absoluten Vorrang haben? Warum wurden andere Leben nicht ebenso geschützt?
Warum wurden hier Leben aufgewogen gegeneinander?
Und warum wurden durch Maßnahmen
andere Leben gefährdet?
Und was ist verbrecherisch und staatsgefährdend daran, wenn man diese Fragen auf einer Demonstration zum Ausdruck bringt???
Warum galt eine abweichende Ansicht zu den regierungsamtlichen Verordnungen plötzlich als Landesverrat? Und warum wurde die Regierung plötzlich von so vielen mit Obrigkeitshörigkeit und Untertanengeist verteidigt, Herr Lesch?
Denn dass sich dieses Verhalten nicht als weltumspannend erwies, sondern zu Teilen auch an typisch deutsche, ehemalige Gepflogenheiten erinnerte,

zeigte sich beispielsweise an Schweden oder der Schweiz, wo es noch genügend Bewusstsein für Freiheit und eigenverantwortliches Handeln gab, um eine allumfassende Ausgangssperre zu verhindern.

Es ist nicht ungefährlich, an eine bestimmte Zeit in diesem Zusammenhang zu erinnern. Deshalb sei ausdrücklich vermerkt, dass keine Seite in irgendeine politische Ecke gestellt werden soll, wenn gesagt sei:
Vor 80 Jahren war man entweder Nazi oder Staatsfeind.
Dazwischen gab es nichts.
Zumindest diesen absoluten Tatbestand unter dem Vorzeichen anderer Definitionen haben wir heute wieder:
Entweder ist man regierungskonform und subaltern für jegliche Entscheidung von oben oder man ist Staatsfeind, Gesundheitsgefährder, wenn nicht versuchender Totschläger.
Dazwischen gibt es nichts.

Wie man es dreht und wendet –
man kommt immer wieder zu der Erkenntnis, dass der Deutsche eine gehörige Portion davon mitbringt, Dinge in seinem Sinne missverstehen zu wollen.
Vielleicht, um Schuld zuweisen zu können.
Oder von sich abzulenken.
Der Deutsche ist im Zynismus nicht beheimatet.
Der uralte Satz, dass Humor sei, wenn man trotzdem lacht, gilt nicht mehr. Obwohl jedem Kind beigebracht wird, dass durch Lachen Schmerzen und Leiden erst erträglich werden können. Vor allen Dingen in Zeiten wie dieser Krise, in der man durch Generalisierung und Universalität der Maßnahmen nirgendwo mehr einen Ausweg finden kann aus den Belastungen.

Und der uralte Satz, dass Freiheit immer die Freiheit des Andersdenkenden bedeutet, gilt ja auch nichts mehr. Es gilt nur noch die vereinfachte, weil einfach gemachte Meinung. Und wer sich daran nicht hält, wird auf ein Schlachtfeld geführt, auf dem nun auch noch die Freiheit der Kunst geopfert wurde. Insofern in besonders bedrückender Weise, als fast zwanzig der betreffenden und betroffenen, oben erwähnten 53 Schauspieler selbst ihre Kunst und damit sich geopfert hatten und ihren Beitrag zurückzogen.

Dieserart eine Schere im Kopf zu haben war bislang vorwiegend bekannt aus antidemokratisch geführten Staaten.
Den haben wir per definitionem in Deutschland nicht!
Aber ein regelrechter Volkssturm setzt im Eventualfall gerne selbst die entsprechenden Regeln dafür an.

Mit einer gewissen Erleichterung mag man dann festgestellt haben, dass sich die Stimmung – auch medial – im Laufe des Jahres 2020 mehr zum Bürger und zu vermehrtem Bewusstsein verkehrte, was die Wahrnehmung von Veränderung und Beschränkung von Grundrechten anging.

Und immerhin war es ein Armin Laschet, der – leider erst – nach über einem Jahr Ende Juni 2021 bei einer Gedenkstunde für die Opfer der ganzen Corona-Krisenzeit im nordrhein-westfälischen Landtag eingestand:
»Die Entscheidungen, die dazu geführt haben, dass Menschen einsam sterben mussten, waren ein gravierender Fehler.« Zum Tod haben auch Einsamkeit und Isolation beigetragen, sagte er dazu und bat Angehörige »von ganzem Herzen« um Entschuldigung. Äußerungen, die im gesamten politischen Spektrum ziemlich singulär geblieben sind.

Doch bis es auch dazu kam, dachte man wehmütig an die Zeit vor der Krise. An die Zeit vor Ausbruch dieses Corona-Virus. An die Zeit, in der nach subjektivem Empfinden in diesen Monaten der permanenten Überschüttung von viralen Informationen die deutsche Welt noch in Ordnung war.
Was gab es doch, erinnerte man sich, im Vergleich zur Corona-Zeit für wunderbar übersichtliche Problemata?! Konflikte, Themen oder Irritationen, die man in nur zwei oder drei oder vier Talksendungen und abzählbaren Nachrichtensendungen abhandeln konnte.

VORSPIEL –
Die Welt vor Corona

8 Wie leyend man sich Skandale?

Vor Corona echauffierte oder entsetzte oder begeisterte man sich zum Beispiel über:

- Das Trump-Regierungsende.
- Die Klimakinder-Kritik von Christian Lindner.
- Oder die Putin-Säuberung, die Nawalny erreicht hatte.
- Oder den Brand in Moria.
- Man räsonierte über den Abstieg der CDU nach der verlorenen Bürgerschaftswahl in Hamburg im Januar 2020.
- Und darüber, wie Annegret Kramp-Karrenbauer als CDU-Chefin infrage gestellt wurde.

Zum Glück hatte die vorher schon ausgesorgt, indem sie sich installieren ließ als Verteidigungsministerin in der Nachfolge von Ursula von der Leyen. Über die man auch noch Corona-frei lästern konnte wegen ungezählter Skandale, die sie den Deutschen hinterlassen hatte. Mitsamt der Kosten, die dieser Nachlass Frau von der Leyens mit sich brachte. Und die uns vorkamen wie eine enorme Erbschaftssteuer dazu. Als da waren:

- Die hohen Kosten und
- Die schlechte Ausrüstung bei der Bundeswehr.
- Die Skandale um Beraterverträge
- und um Anmietungen,
- die Renovierungsausgaben für das Schulschiff Gorch Fock.
- und so weiter und so weiter und so weiter.

Man fragte sich, ob dies alles Frau von der Leyens eigentliche Qualifikation gewesen war für ihr neues Amt in Europa? Als sie ins EU-Kommissionspräsidentenamt geflüchtet war? Konnte man froh sein, dass sie nicht noch mehr Skandale vorzulegen hatte? Sonst wäre sie am Ende prädestiniert gewesen für das US-Präsidentenamt!

Wie wollte sie je aus diesem Schlamassel herausgekommen sein, wäre sie weiter Verteidigungsministerin geblieben? Aber die Lösung war, dass sie noch im Nachhinein einfach einen besonderen Ausrede-Katalog zwischen den Zeilen aufschlug.
Wenn man beispielsweise auf die Vorhaltung, sie habe sich zu viele und zu teure Berater ins Haus des Verteidigungsministeriums geholt, durchaus interpretieren konnte, dass in Bezug auf Moderation, Akzelerierung des Arbeitstempos und Vorgaben des Rechnungshofes es dringend notwendig gewesen war, diese Leute zu holen. Denn als Fremdfirmen haben die offenbar keine Ahnung von den Dingen. Die Bundeswehr musste sie beraten, da diese Berater sonst auf dem Arbeitsmarkt der Selbständigen völlig verloren wären.
Und die Verteuerung der Gorch-Fock-Sanierungskosten von avisierten 9,6 Millionen Euro auf am Ende 135 Millionen Euro wurde nur noch relativ gesehen. Denn die erhöhten sich ja nur um 125 Millionen Euro. Nahm man als Vergleichswerte den Flughafen Berlin-Brandenburg BER. Oder den Stuttgarter Bahnhof ›Stuttgart 21‹, der statt 2,5 Milliarden bald über 10 Milliarden Euro kosten wird, und damit Mehrkosten aufweist von über 7 Milliarden Euro, konnte man die zusätzlichen 125 Millionen Euro für die Gorch Fock wirklich vernachlässigen.

9 Ein Erbe für AKK

Also war das nächste Thema, das uns vor-coronisch ablenkte, die Übernahme von Frau von der Leyens Verteidigungsministerium durch Annegret Kramp-Karrenbauer.
An deren Fallbeispiel sich ganz besonders zeigte, dass die Gesellschaft in Deutschland und Europa nicht nur politisch, sondern auch sprachlich auseinanderzufallen begann.

Erregte man sich doch über die, die sich selbst unbeanstandet auch offiziell einfach nur noch AKK nennen lässt, weil sie einen Witz gemacht hatte über Gender-Toiletten und Intersexuelle.
Und das, bevor sie noch durch irgendeine fachliche Qualifikation im neuen Amt aufgefallen gewesen wäre.
Es wurde bei aller Gewalt der aufkommenden Debatte völlig übersehen, dass Frau AKK ihren beanstandeten Witz gemacht hatte im Fasching! Und da war er beinahe schon in den mittleren Niveau-Ebenen anzusiedeln gewesen.
Denn diese Art von Witzen ist Teil von Fasching.
Diese Witze gehören zur Fasnacht und sind als solche gesamtpolitisch und gesellschaftlich nicht diskutierbar.
Es war auch überhaupt keine Überraschung, dass Frau AKK Witze machte im Fasching. Denn ursprünglich kam sie aus dem Fasching. Viele Jahre lang trat sie auf im saarländischen Fasching in der Rolle einer Putzfrau. Mit Besen, Eimer und einem für Putzfrauen typischen Tuch, das sie um die Haare gebunden hatte. In dieser Rolle kommentierte sie jahrelang regionale und nationale und internationale Politik.

Und sie war damit so erfolgreich und so überzeugend,
dass der Vorstand der CDU darauf aufmerksam wurde
und sie vom Fleck weg engagierte als Parteichefin.
In dieser Funktion hatte sie dann in der Karneval-Saison 2019 den besagten Gender-Witz gemacht und sich unter dem Gewitter der Kritik so gut verteidigt, dass man ihr umgehend das Amt des Verteidigungsministers angetragen hatte.
Das nur nebenbei.

Tatsache war, dass sie sich aus der leut- und trunkseligen Karnevalsveranstaltung heraus dem Vorwurf ausgesetzt sah, Witze zu machen über Minderheiten.
Wobei man mit einer gewissen Distanz schon fragen darf, was das allmählich für eine Gesellschaft zu werden droht, wenn sie funktionieren soll ohne Witze über Minderheiten.
Soll man denn dann gar nichts mehr sagen dürfen –
gegen die SPD?
Das wäre für Frau AKK wirklich unzumutbar gewesen.

Über solchen realen und potenziellen Diskussionen verlor sie zunehmend die Kontrolle über die Partei CDU.
Fakt war aber auch,
dass sie diese Kontrolle gar nie gewollt hatte.
Aus Selbstschutz:
Weil sie sie nie hatte, die Kontrolle,
hatte sie sie auch nicht gewollt.
So war sie als CDU-Chefin auf dem besten Weg
aller Vorsitzenden der SPD, nämlich in die Marginalität.
Wenigstens wollte sie als Parteichefin ihre Nachfolge noch bestimmen. Jedoch Friedrich Merz und Armin Laschet trafen sich ohne sie nur unter vier Augen. Mit Jens Spahn wurde ohne sie telefoniert. Und auch Norbert Röttgen machte einen Alleingang ohne sie. Angela Merkel wollte sich nicht mit ihr unter Druck setzen lassen durch einen baldigen Parteitag im Dezember 2019. Und dann kam noch Herr Söder und forderte ohne Rücksprache mit ihr baldige Lösungen.
Frau AKK fiel von einer Ecke in die andere.

Es war ein Hin und ein Her.
Oder man kann auch sagen, es war aus Innensicht der CDU heraus der klare Ausdruck, dass sie allen gerecht geworden war.

Also konnte sie auf die Frage, ob es auch für sie, Frau AKK, als Frau nicht enttäuschend sei, dass sich als Nachfolger für sie als Frau keine Frau aufgestellt hatte, sondern vier Männer, nur zu verstehen geben:
Immerhin müssten diese vier Männer sich ja erst mal als bessere Männer, als sie es ist, beweisen. Und das sei keine Anspielung darauf, dass sie sich als AKK immer klar positioniert hatte gegen die Homo-Ehe und Jens Spahn ja nun verheiratet war mit einem Mann. Als Mensch und Frau müsse sie, AKK, darüberstehen, dass es nur vier CDU-Vorsitz-bewerbende Männer gab und keine Frau akzeptiert wurde.
Aber wenn man ehrlich war, wurde auch Angela Merkel nie als Frau akzeptiert –
seit sie Bundeskanzlerin war.

Zusätzlich wirkten AKKs Verhalten und ihre Zurückhaltung irritierend in Sachen Thüringen, wo ein FDP-Abgeordneter im Februar 2020 durch die Stimmen der CDU, aber auch durch die Stimmen der AfD zum Ministerpräsidenten gewählt wurde.
Oder war das eine Strategie der CDU gegen die AfD?
Wie, konnte sich niemand erklären,
weswegen der FDP-Ministerpräsident
auch schleunigst zurücktrat.
Als Ausrede gab AKKs CDU zu verstehen, dass man sich vielleicht schon mal überlegen könnte – wo die Möglichkeiten und die Materialien sowieso zur Verfügung stehen bei dem Kampf gegen Corona – einzelne Städte im Osten, in denen die Rechten besonders stark sind, abzuriegeln und mit Ausgangssperre zu belegen, um die weitere Verbreitung des Virus ›AfD‹ einzudämmen.
Quasi Ostdeutschland zum Sperrgebiet zu erklären.
Denn da läge ja das Epizentrum der Virus-Krise ›Rechtsradikalität‹. Und da im Regelunordnungsfall auch in Italien zur Eindämmung von Corona die Streitkräfte bereitstanden, schien AKK mit ihrer Bundeswehr schon vorbereitet für ein großes gesellschaftliches Experiment:

Die AfD macht Krieg?
Dann besteht doch für die Bundesregierung
der Verteidigungsfall?!
Nun, so weit kam es dann doch nicht.

10 Friedrich Merzens denkbares Redeprotokoll

Denn es setzte sich schließlich Friedrich Merz
auf den Plan.
Als potenzieller CDU-Chef.
Mit der Aussicht auf das Bundeskanzleramt.
Nachdem Angela Merkel schon nach der Wahl 2017 bekannt gegeben hatte, dass sie endlich ist. Weil sie wusste, dass Politiker immer beliebter werden, je absehbarer ihre Amtszeit wird.

Von da an erhob Friedrich Merz
ein Alleinstellungsmerkmal in bald allen Bereichen.
Man spürte bei ihm stets diese Widersprüchlichkeit von Politik und Politik.
Wenn er beispielsweise auf die Frage, ob er sich einen schwulen Kanzler vorstellen könne, sagte, ja, solange der sich im Rahmen der Gesetze bewege und solange es nicht Kinder betreffe. Weil ja – sollte man sich darüber im Klaren sein? – Gesetzesbrecher und Pädophile meistens erst mal Schwule sind?
Da sei für ihn eine absolute Grenze erreicht, räsonierte Friedrich Merz weiter. Also gibt es wenigstens wohl diese Grenze nicht, wenn die Liebe zu Kindern von einem Bundeskanzler käme, der hetero ist?
Oder wie sollte man das verstehen?
Man spürte, dass Merz dachte, Deutschland warte schon viel zu lange auf ihn. Er hätte ja schließlich schon 2018 auf dem Parteitag der CDU den Parteivorsitz gewinnen können. Hätte eine gewisse Frau AKK ihn nicht – das müsse man einfach mal so sagen – mit einschleimendem Solidaritätsgedrösel wie ›Einbindung‹ und ›Spaltungsüberwindung‹ und dem ganzen

Quatsch dahin gebracht, eine qualitativ einfach nicht ausgereizte und nicht optimal ins Ziel treffende Rede zu halten.

Stattdessen hätte Friedrich Merz
vielleicht furchtbar gerne dieses von sich gegeben:

»Ich bewerbe mich heute um den Parteivorsitz der CDU Deutschlands. Was gleichbedeutend ist mit der Kanzlerschaft der Bundesrepublik.
Wobei die Formulierung:
›Ich bewerbe mich‹,
eigentlich schon überholt ist.
Ich gehe davon aus, dass das dann auch so ist.
Und ich bin, das sage ich ausdrücklich, für Teamarbeit.
Wobei es darauf ankommt, wer das Team führt. Und dass die, die im Team sind, keinen Führungsanspruch stellen. Auch nicht in Form eines Ministers oder einer leitenden Person. Team heißt immer erst mal Unterordnung:
Wer macht sauber?
Wer bringt den Kaffee?
Wer spitzt die Bleistifte?
Wer trägt die Akten?
Das alles muss einer bestimmen.
Und das Team soll dann fair die Teamarbeit leisten.
Da bin ich absoluter Teamworker.
Und da spiele ich auf Sieg und nicht auf Platz.
Wenn ich sage, das Geschirr wird nicht ausgewischt mit dem Mikrofasertuch, mit dem vorher das Klo gewischt wurde, dann kann meine Anweisung nicht auf Platz zwei oder drei stehen.
Und die Putzfrau setzt sich durch.

Damit sind wir beim nächsten Thema:
In meinem Team ist auf jeden Fall eine Frau.
Wer soll die Putzfrau sonst sein?
Da muss sich eine Frau durchsetzen.
Dennoch bin ich natürlich in der Lage, mich unterzuordnen. Aber es muss klar sein, dass Unterordnung heißt, sich unterzuordnen unter die Notwen-

digkeiten aktueller Tagespolitik, die ich aller Erfahrung nach am besten erkenne und beurteile. Den Realitäten ordne ich mich selbstverständlich unter. Und wenn das das Beste für Deutschland ist, dann wird sich Deutschland auch mir unterordnen. Sonst kommen wir ganz schnell dahin, was in der momentan
›grottenschlechten‹
Regierungsarbeit Vorrang hat:
Die SPD, als Teil der Großen Koalition, hatte ein halbes Jahr nichts Anderes zu tun, als sich mit der Dauersuche nach ein oder zwei Vorsitzenden selbst zu befriedigen.
SPD ist ja das Kürzel für
›Selbstbefriedigungspartei Deutschlands‹.
Und die Bundeskanzlerin gab bei der Grundrente dieser SPD auch noch nach zum Beispiel in puncto Bedürftigkeitsprüfung. Nur, weil der SPD nach dieser Legislatur mit Bedürftigkeitsprüfung nicht mal mehr eine Grundrente bleibt.

Da treibe ich die Zerstörung der GroKo überhaupt nicht voran, wie dauernd behauptet wird.
Ich beschreibe nur deren Zerstörung.
Es ist nicht hilfreich, mich und Äußerungen, die ich gemacht habe, immer wieder zu kritisieren.
Denn ich wiederhole:

Die territoriale Integrität der Bundesrepublik Deutschland muss geschützt werden gegen Illegale. Und solange Rechte und Rechtswähler als Inhaber eines deutschen Passes nicht als illegal gelten können, müssen wir die von uns weisen, die diese Rechten reizen und die das ›Rechte‹ im Deutschen auslösen. Nämlich gewisse Ausländer.
›Ausländer raus‹ heißt auch:
weniger AfD, das muss klar sein.
Die AfD lebt ja gewissermaßen
von Illegalität, von Flüchtlingen, von Fremden.
Und da wir offenbar, was Wahlen in Thüringen und Hamburg bewiesen haben, nicht mit der AfD fertig werden, müssen wir eben die AfD von hin-

ten aufzäumen und mit den Fremden fertig werden und den Rechtsstaat wieder das sein lassen, was er namentlich ist:
Rechts-Staat.

Es ist nur merkwürdig, wie man mir Dinge in den Mund legt, die mich diskreditieren.
Ich wiederhole:
Wir haben Rechtsradikale jahrelang unterschätzt. Wir müssen gegen Clans härter vorgehen und Außengrenzen schützen, wenn es die EU nicht tut. Und rechtsfreie Stadtteile abtrennen.
Ich kann nichts dafür,
dass die AfD hier dieselben Ideen hat.
Aber wir nehmen der AfD nur Stimmen ab,
wenn wir ihnen Ideen abnehmen.
Die Mauer zwischen Ost und West war in dieser Hinsicht – gerade auch in Bezug auf Corona – nicht das Schlechteste, was der Konflikt Ost-West hervorgebracht hat. Das hat zwar Familienzugehörigkeiten ins Trudeln gebracht. Aber fragen Sie mal die, die in der Lombardei oder in Wuhan in den Städten festsitzen wegen Corona, was ihnen wichtiger ist:
Familie?
Oder Schutz vor illegaler Einwanderung
von Viren und Fremden?
Die Grundrechte des Menschen sind immerhin unteilbar.
Wieso sollten wir also sie mit anderen teilen?

Und wer hier etwas pressemäßig unterstellt, was ich vielleicht gesagt habe und gegebenenfalls auch so gemeint habe, was in der Fülle des Gesagten keinem Menschen auffallen würde, dem muss mal gesagt werden, dass das Herausgreifen von einzelnen Aussagen, die vielleicht sogar stimmen, aber als Einzelmeldung eine ungleich dominierendere Wirkung haben als in einem Gesamtkonvolut von Plänen und Zielsetzungen, dann ist das ein verfälschendes Stilmittel feindlich gesinnter Journalisten.
Und da wird es wirklich Zeit, die Interpretation eigener Sätze in den Social-Media-Kanälen selbst zu verbreiten.
Was auch die Möglichkeit ergibt, sie wegzulassen.
Ich will Deutungshoheit über mich.

Da können wir noch von den Russen, und zwar den Sowjetrussen, viel lernen. Und auch – das würde Ost- und Westdeutschland wieder näher zusammenbringen – von den Gepflogenheiten alter, ostdeutscher Nachrichtenberichterstattung.
Jeder weiß doch am besten selbst, was er gesagt hat.
Die Presse bringt regelmäßig das Kunststück fertig, Sätze wörtlich und wahrheitsgetreu so zu zitieren, dass sie im Zusammenhang untergehen. Das brauchen wir tatsächlich nicht mehr. Die machen aus Wahrheiten Fakes.
Ich bekenne mich dabei ausdrücklich zur Pressefreiheit, wenn mit Presse ich selbst gemeint bin. Und wer mir hier was anderes unterstellt, dem kann ich nur sagen, da kann er durchaus Recht haben. Aber das muss er mir erst mal nachweisen.

Es kann nur einen geben.
Und ich kann Ihnen versichern, ich bin der eine.
Mir geht es um Politik.
Und Politik geht den Zuschauer nichts an.
Ich habe keine Lust zuzugucken, dass der Wähler,
nur weil er irgendwelche Zusammenhänge kapiert,
uns dann vielleicht nicht wählt.
Deutschland muss auf mich hinauslaufen.
Es geht erst mal um Deutschland.
Aber ich bin ja Deutschland.«

11 Wann war unsere Monarchie noch mal zu Ende?

Andererseits:
Wie immer die Bundestagswahl nun ausgegangen ist –
konnte man sich Armin Laschet
je vorstellen als Bundeskanzler?
Man kann ihn sich vorstellen als Angela Merkel.
Aber als Bundeskanzler?
Obwohl ja schon der baden-württembergische Ministerpräsident Winfried Kretschmann vor Jahren gesagt hat, dass das Land – allerdings meinte er seinerzeit nur Baden-Württemberg – und unsere Gesellschaft und unsere Demokratie so gefestigt seien, dass wir nicht untergehen, wenn er, Winfried Kretschmann, nicht mehr Regierungschef wäre.
Sondern jemand von der CDU.
Das gilt heute natürlich auch für den Bund.
Das Land Deutschland geht nicht unter, wenn Angela Merkel nun nicht mehr Regierungschef ist. Sondern jemand von der CDU.

Und für Baden-Württemberg gilt das rückblickend
natürlich auch in die andere Richtung:
Baden-Württemberg ist nicht untergegangen,
seit Kretschmann und die Grünen das Land regieren.
Und das hatte man ja ab März 2011 angenommen.
Nach Jahrhunderten der Monarchie.
Diese Monarchie endete in Deutschland bekanntlich im November 1918.
Aber die CDU hat sich im Ländle und im Bund auch immer gern gesehen als legitimer Nachfolger des letzten Kaisers.

Jedenfalls hat sie sich stets so aufgeführt.
Da hatte der Wechsel zu den Grünen bei den Schwaben natürlich auch deswegen reibungslos funktioniert, weil Winfried Kretschmann uns von Anfang an gestattet hatte, die Ehrenbezeugung und Untertänigkeit auf ihn zu übertragen, die sonst nur gegenüber royalem Personal üblich war. Er hat dieses Bedürfnis nach Ehrerbietung und Anhimmelung sehr schnell befriedigt und den Schwaben erlaubt, ihn als Bürgerkönig anzusehen.

Es gab natürlich einige Unterschiede unter grüner Regierung zu den Jahrzehnten mit der CDU. Aber wir Bürger wollten sie uns nicht anmerken lassen.
Denn wenn es immer hieß, Kretschmann werde bei einer Direktwahl bis zu 80 Prozent der Wählerstimmen erhalten, dann ging das über die Beliebtheit von Kaiser Wilhelm II. sogar noch weit hinaus.
In der Mitte des zwanzigsten Jahrhunderts
hieß es im Volksmund oft:
›Wir wollen unsern alten Kaiser Wilhelm wiederhaben.‹
Man kriegte ihn aber nie.
Heute können wir posaunen:
›Wir wollen unsern alten Kaiser Winfried wiederhaben!.
Und wir haben ihn gekriegt.
Bei der Landtagswahl 2016.
Und bei der Landtagswahl 2021 erst recht noch einmal.

Das funktionierte zugegebenermaßen auch nur, weil eben ›CDU‹ in erster Linie keine Partei mehr ist, sondern eine nationale Eigenschaft. Ein Wesenszug. Ein Charaktermerkmal.
Die Franzosen essen gerne.
Die Israelis sind perfekt in Geldgeschäften.
Die Briten haben Schlangestehen kultiviert.
Uns Deutsche prägt als Grundcharakterzug
ein konservatives Unterwerfungsbedürfnis.
Und deswegen haben die Grünen stets nur eine Chance, wenn sie genug mitbringen von einem so zu nennenden CDU-Gen.

12 SPD und SPD gesellt sich gern

Aber wir kommen vom Grundthema ab.
Und das waren ja die problemlosen Probleme
der Vor-Corona-Zeit.
Da sprach man also wochenlang von der CDU.
Das ertrug wiederum die SPD nicht.
Sodass sie sich gezwungen sah, sich vorzudrängen mit der nächsten Banalität. Respektive mit sich als nächster Banalität. Und damit man auch von ihr sprach, musste sie uns unbedingt infizieren mit der Idee eines Kanzlerkandidaten. Und zwar bereits im August 2020. Wiewohl die Bundestagswahl erst stattfinden sollte im September 2021.

Davor jedoch erwies es sich erst einmal, dass diese SPD mit einem noch wieder anderen Virus infiziert war. Und zwar mit einem Virus, das organisatorische Strukturen angreift. Vor allem in Führungsetagen. Das sie lahmlegt, auflöst und zu monatelangen Transplantationsversuchen führt. Bis endlich, nach in diesem Fall sechs Monaten, zwei Figuren gefunden waren, die als Adapter in ausgebrannte, leere Stellen eingepasst werden konnten.
Nämlich einen Norbert Walter-Borjans.
Und eine Saskia Esken.

Zwei aufstrebende Parteimitglieder, die durch Zufall in den hintersten Reihen dieser SPD aufgespürt wurden.
Oder sogar unter den hintersten Reihen?
Jedenfalls besiegten sie den oft als altmodisch und konservativ und establishmentiert hingestellten Olaf Scholz, der als seinerzeitiger Finanz-

minister in ihren Augen schon zu sehr abgeglitten war in die Wunschkiste von CDU und Bundeskanzlerin.
Die Ansage der SPD-Basis war also klar:
Sie fühlte sich gut bedient, wenn die neuen SPD-Chefs zu verstehen gaben, dass etwa Deutschland keine Pflegekräfte brauche aus dem Ausland, also aus Polen, aus Kroatien oder aus sonst wo. Wo wir doch genügend Deutsche hätten. Und wenn wir die gut bezahlten mit einem Mindestlohn von 12 Euro, würden die genauso gut oder schlecht pflegen und ebenso perfekt Rollstühle schieben für die Gebrechlichen.
Und das wollten übrigens auch ab jetzt die beiden Erwählten für die SPD machen –
sie pflegen und schieben.
Für bessere Wahlergebnisse.
Und zu besseren Wahlergebnissen.
Das wäre ihnen schon deswegen zuzutrauen, weil sie zu verstehen gaben, dass sie, Saskia Esken und Norbert Walter-Borjans, aus einer Generation kämen, die es gelernt habe, dass man sich um Leute kümmert, denen es schlecht geht. Wo es jetzt der SPD so schlecht geht, wären sie da und könnten sagen, dass sie da sind und dass sie dabei sind. Mehr sollte es auch gar nicht sein.
Außer Beistand.

Man wollte nur nicht zu gut pflegen und schieben.
Denn man musste schon zugeben, dass, wenn es der SPD gut gegangen wäre in den letzten Jahren, Saskia Esken und Norbert Walter-Borjans nicht auch nur den Hauch einer Chance gehabt hätten zur Führung.
Deswegen waren sie der SPD auch so dankbar.
Dass es ihr schlecht geht.
Und sie waren dem Wähler dankbar, dass er für die SPD in Umfragen seinerzeit nur 12 bis 14 Prozent übrig hatte. Hätte der Wähler den Sozialdemokraten 25 Prozent zugestanden in diesen Umfragen, säßen Esken und Walter-Borjans bei der SPD eben weiter auf den Hinterbänken.
Oder unter den Hinterbänken.
Der schlechte Zustand der SPD fördere dementsprechend die innerparteiliche Demokratie, sodass jeder mal drankommen kann.

Was im Umkehrschluss heißt,
dass Erfolg Demokratie unterdrückt.
Je schlechter es der Partei geht,
umso demokratischer wird sie.
Sagt man gerne in der SPD.

13 Der SPD-Vorsitzende ist immer der Gärtner

Soweit zum Demokratie-Verständnis der neuen SPD-Vorsitzenden. Was nicht gleichbedeutend ist mit dem rechtsstaatlichen Verständnis von Norbert Walter-Borjans.

Der als Finanzminister in Nordrhein-Westfalen bekannt geworden war, weil er im Jahr 2012 gestohlene Steuer-CDs aus der Schweiz aufgekauft und dadurch zwar zusätzliche 7,2 Milliarden Euro Steuereinnahmen aufgebracht hatte. Alles unter dem Motto selbstverständlich, dass mehr Steuern von den Reichen mehr Wohlstand für die Armen bringe. Er hatte dann aber die 7,2 Milliarden aus der Schweiz mitnichten direkt unter den Armen verteilt. Zum Beispiel Kitas gebaut oder Ähnliches veranstaltet. Irgendwie waren die Milliarden anderweitig verschwunden. Vielleicht auch,
weil sie anderweitig irgendwoher gekommen waren.

Aber NoWaBo, wie Norbert Walter-Borjans von Parteifreunden gerne genannt wird, hatte gleichwohl geklaute Ware gekauft. Und er hatte sich damit als Hehler selbst strafbar gemacht. Gut, bei so viel Geld hat diesen Gedanken keiner mehr verfolgt.
Und das Mittel heiligte gewiss den Zweck.
Wer fragt bei solchem Erfolg schon nach den Wegen?
Wenn aber auf den CDs ein Mord als Geständnis aufgezeichnet gewesen wäre, wäre dieses Geständnis – wie bei illegal abgehörten Telefonaten – vor Gericht nie verwendbar gewesen.
Warum war dann
das Quasi-Steuergeständnis verwendbar?
Müsste man diese Rechtslage nicht endlich ändern,

damit man künftig nicht nur Steuerhinterzieher schnappt,
sondern auch Mörder?
Bei allem Verständnis für die Absicht
endete da die justizielle Logik des neuen SPD-Chefs.
Denn Geld war für ihn und für Staat und Gemeinschaft offensichtlich wichtiger und effizienter als Menschenleben.

Stattdessen wollten Saskia Esken und er im Zuge der neuen Parteichef-Position Steuern drastisch erhöhen. Und hatten keine Sorge, dass sie damit wieder Anreize schaffen würden, Steuern zu umgehen. Weil die Bürger sich vom Staat ausgenommen fühlen und sich den Staat nicht mehr leisten können.
Oder vielleicht wollten die SPD-Chefs
ja gerade deswegen die Steuern erhöhen?
Steuer-CDs konnten sie in letzter Zeit nicht mehr erwerben, weil die Leute ehrlicher geworden waren? Je niedriger die Steuern, umso weniger lohnt sich der Betrug, den es für den Staat nicht mehr aufzudecken lohnt?
Wollte NoWaBo das mit einer rigiden Steuerpolitik ändern? Damit wieder welche erwischt werden können?

Bei alldem war er übrigens als Finanzminister in NRW selbst Schuldenkönig und schuldig und hatte Rechte gebrochen:
Er hatte dreimal einen verfassungswidrigen Haushalt vorgelegt. Er hatte also dem Land ebenso Geld gestohlen wie die durch ihn entdeckten Steuerhinterzieher.
Aber es gab leider niemanden, der eine entsprechende CD mit exakteren Informationen über NoWaBos Unsauberkeiten gekauft hätte. Und so blieb übrig, dass die ganze Angelegenheit nur seine Distanz zu Staat und Recht zeigte.
Und da man weiß, dass in Unterwelt-Kreisen das gegenseitige Verpetzen verpönt ist, war plötzlich NoWaBo nicht nur als Finanzminister von NRW, sondern auch als gewöhnlicher Gesetzesbrecher schäbig.
Deswegen verfolgte er ja so intensiv
den Kauf seiner Steuer-CDs.
Man muss eben immer schauen,
dass man andere findet,
die schuldiger sind als man selbst.

14 Die Halb-Vorsitzende

Ganz anders Saskia Esken.
Die ging ohne vergleichbare Vorbelastung in das neue Amt. Sowohl ohne negative als auch ohne positive Vorbelastung.
Aber mit klaren, altehrwürdigen Ansichten und Äußerungen, dass sie erst mal einfach nur begeistert war, ein solches Wahlergebnis bekommen zu haben, das sie in die Höhe eines Vorsitzenden hievte. Weil sie spürte, dass – wörtlich – »der Gedanke und der Spirit herrschen, dass man als eigene politische Kraft wahrgenommen werden muss«. Es seien, betonte sie glückselig in jedem Interview, vor allem die Inhalte, um die es gehen müsse.
Und die Vision.
Die Vision ist, dass die SPD über 150 Jahre alt ist. Und die Vision ist entstanden aus der Frage, sagte sie oft, wie man den Menschen hilft gegen den Kapitalismus. Die auslösende Ursache zur Gründung der SPD war ja die Industrialisierung. Und das waren seinerzeit Tatsachen wie etwa der Weberaufstand von 1844. Man hatte den Eindruck, dass es Eskens Vision war, auszutarieren, wo die SPD wieder genügend Weber herbekommt, damit sie was für sie tun könnte.

Das schien insgesamt alles relativ wenig für ein Bild, was man sich von ihr machen wollte. Also kam man zurück auf die Fakten, die von Saskia Esken bekannt waren:
Ab 2013 war sie für zwei Jahre Vizechefin der baden-württembergischen SPD. Dann war sie nicht wiedergewählt worden. Was sie offenbar qualifizierte für den Posten der Chefin der Bundes-SPD. Wird doch die SPD als Ganzes andauernd nicht wiedergewählt.

Da passten beide gut zusammen.
Minus und minus gibt bekanntlich plus.
Aber diese Multiplikation ließ auf sich warten.

Denn kaum war Saskia Esken im Amt,
hatte sie sich noch anderweitig in die Nesseln gesetzt.
Bei der Tempolimit-Debatte verglich sie Deutschland mit Nordkorea und Afghanistan. Und sagte im Wortlaut: »In Deutschland gibt es kein Tempolimit.« Und fügte dann an: »In Nordkorea gibt es auch kein Tempolimit, ebenso wenig wie in Afghanistan. Aber sonst fast überall auf der Welt.«
Der Vergleich
Deutschland – Afghanistan/Nordkorea war da.
Ein Afghanistan, das durch Krieg total zerstört ist und wo man auf kaputten Straßen ohnedies nur 30 oder 40 Stundenkilometer fahren kann. Und ein Nordkorea, wo die Straßen genauso defekt sind. Und wo Nordkoreaner überhaupt ohne staatliche Erlaubnis ihre Stadt gar nicht verlassen dürfen. Saskia Esken empfahl allen Ernstes, Deutschland solle sich aus dem Schatten Nordkoreas lösen. Diese Aussage wurde im Rückschluss ausgelegt, als drohe uns hier in Deutschland doch eine Diktatur, oder nicht?
Aber ihre Antwort war lediglich, ihr gehe es da um Inhalte und die Ähnlichkeiten im Verkehr seien verblüffend.

Auf der Basis solcher Ansichten war nicht überraschend,
dass plötzlich die Einsicht durchsickerte:
Wir, die neue SPD in Gestalt ihrer neuen Vorsitzenden,
können gar nicht Kanzler.
Die Beliebtheit liegt aus naheliegenden Gründen
ganz woanders.
Und so wollten sie beide von Stund einfach nur die Wundertüte der Politik sein, der NoWaBo und sie. Nachdem die CDU sie in Form der SPD jahrelang im Gefängnis GroKo vergewaltigt hatte zu ihren SPD-eigenen Entscheidungen, wie Mindestlohn, Frauenquote, Homo-Ehe. Die sie ja nie gemacht hätten mit der CDU, damit die die Lorbeeren miterntet. Sie hätten auch noch 50 Jahre gewartet. Hauptsache, das Lob gehört ihnen allein.
Aber was will man machen,
wenn man im Hausarrest GroKo sitzt?

Und der Aufseher aus den eigenen Reihen kommt?
Die Konkurrenz zur SPD in der GroKo hatte nämlich einen Namen.
Und diese hieß Olaf Scholz!
Weil der angesehen wurde als ein Homunculus der CDU.
Als eine Billigkopie.
Die ohne konservativen Beistand nicht lebensfähig schien. Sonst wäre er nie Vizekanzler und Finanzminister geworden. Die neuen SPD-Chefs fühlten sich als Anti-Scholz. Sie wollten dem großen Namen der Partei gerecht werden. Und die SPD ist immerhin die Partei von August Bebel, Willy Brandt, Helmut Schmidt und Gerhard Schröder.
Da waren nun NoWaBo und sie, Saskia Esken,
genau der richtige Mann.

Nur schien das eben auf einmal
nicht mehr wahlentscheidend zu sein.
Deshalb kamen sie zu dem Schluss, dass Olaf Scholz durch seine Niederlage bei der Wahl zum Parteichef beschädigt genug sei. Und er sich ihnen gegenüber sicher nicht mehr viel herausnehmen würde. Und deswegen machten sie ihn schließlich über ein Jahr vor der Bundestagswahl zum Kanzlerkandidaten der SPD.

Das war kein Gegensatz.
Man hatte zwar die Parteichefwahl gewonnen mit Blick auf das Kanzleramt, weil Olaf Scholz zur Zeit dieser Wahl als Niete der Sozialdemokratie galt. Als Trojaner der CDU im eigenen Lager.
Olaf Scholz war also im Grunde ihr Feind. Obwohl sie mit ihm befreundet waren. Doch politisch war er ein rotes Tuch für sie, respektive ein schwarzes. Nur leider eben das beliebteste schwarze Tuch in Umfragen. Und da hieß es, der alten römischen Kriegslehre Cäsars gerecht zu werden:
Den Feind, den man nicht besiegen kann, muss man umzingeln und umarmen. Was macht man mit der schlechten Opernsängerin, die nicht abtreten will? Man klatscht sie einhundert Mal vor den Vorhang, bis sie zusammenbricht.
Deswegen sagten die neuen SPD-Parteichefs:
»Einhundert Vorhänge für Olaf Scholz!«

15 Saskia Eskens potenzielles Redeprotokoll

Wenn nur dann Saskia Esken doch so gesprochen hätte, wie sie in Wirklichkeit beinahe gesprochen hat:

»Hallo Freunde Innen, Genosse Innen, Wähler Innen.
Ich weiß nicht, ob Ihr's alle mitbekommen habt?
Das Wahljahr hat begonnen.
Und für die SPD kann man jetzt schon sagen,
wird das ein Superwahljahr.

Wir haben als SPD einen fulminanten Auftakt hingelegt bei den Landtagswahlen im März 2021.
Die Malu Dreyer hat uns in Rheinland-Pfalz mit 36,7 Prozent ganz nah hingebracht an die Bundeskanzlerschaft im Bund im September. Sie hatte damit ein Ergebnis, das den wahren Wähler widerspiegelt und das zeigt:
Die SPD ist wieder was.
Wir sind dabei.
Und zwar seit Langem nicht mehr nur als Zuschauer.

Denn in Baden-Württemberg haben wir bei der Landtagswahl die gleiche große Anzahl an Wählern wie in Rheinland-Pfalz. Es hat sich nur nicht gezeigt in den Prozenten. Das waren da 14 Prozent.
Aber das ist einfach erklärt.
Denn für die Menschen draußen im Lande ist die SPD Kultur, Kunst, Lebensfreude, Bildung, Theater, großes Kino. Aber jeder weiß, das war alles gerade geschlossen wegen Corona. Da war auch klar, dass viele Wähler geglaubt haben: Wenn sie ins Theater nicht gehen können, dann kommen sie auch bei der SPD nicht rein.
Ich denke, wenn alle geimpft sind, kommen die Leute auch wieder in Scharen zu uns. Aber – bitte – nur mit Impfpass!

Sonst werden wir überschwemmt wie Mallorca.
Und die SPD ist für viele das Mallorca im eigenen Land.
Für die, die sich Auslandsreisen nicht leisten können.
SPD – das heißt für die Menschen:
mal keine Pläne haben, keine Ziele, keine Themen, keine Ideale. Mal nichts hören von Politik.
Das ist Urlaub pur. Das ist SPD pur.
Jedenfalls haben wir jetzt schon für den Sommer, wenn alle geimpft sind, einen Wiedereröffnungsplan erarbeitet für unsere SPD. Das braucht natür-

lich finanzielle Unterstützung vom Staat. Aber da ist sicher viel Geld übrig, weil nur wenige subventionierte Kultureinrichtungen existieren werden, die dann noch nicht pleite sind.

Es hat sich bezahlt gemacht, dass ich und der NoWaBo, der Norbert Walter-Borjans, uns einfach immer die klare Kante geben und sagen, was Sache ist.
Das hat die SPD bis dato versäumt.
Aber die Fehler der SPD in der GroKo sind ja weiterhin dramatisch.
Stichwort Masken-Skandal, Impf-Skandal, Corona-Skandal.
Da werden Sachen nicht ausgesprochen.
Da werden Sachen ausgesessen.
Da werden Sachen unter den Tisch bramarbasiert.
Das ist eine Katastrophe.
Wir räumen als Parteichefs zwar dauernd auf, aber was nützt das, wenn die GroKo nach jeder Säuberungsaktion von uns die ganzen gesellschaftlichen Neuerungen von uns, dem NoWaBo und mir, wieder zuschüttet. SPD-Führung ist wirklich, wie wenn man jeden Tag das Klo putzt. Es bleibt einfach nicht durchgehend sauber.

Das, was der NoWaBo und ich geleistet haben, wird immerhin vom Wähler wahrgenommen. Wir haben jetzt in der Summe im Schnitt circa in etwa ein halbes Prozent in Umfragen mehr, als bevor wir angefangen haben.
Und das macht uns stolz.
Und damit bin ich wahnsinnig gerne Halbvorsitzende der SPD. Zusammen mit dem NoWaBo in aller Bescheidenheit. Weil wir ja ganz bewusst nie ein Spitzenamt wollten in der Politik. Das spüren die Menschen im Lande. Damit kriegen wir ganz viel Energie zurück, damit wir die SPD wieder auf Vorderfrau bringen.

Denn immer bedenken, liebe Freunde Innen:
Im Bund waren wir mit Martin Schulz vor vier Jahren bei 23 Prozent. Dann waren die Prognosen jetzt in Baden-Württemberg bei zehn Prozent. Doch wir hatten elf Prozent. Die Aufwärtsspirale ist sensationell losgetreten.
Wir sind auf der Überholspur.
Vor allem überholen wir uns gerade selbst.
Wir sind die überholte Partei schlechthin.

Daraus lässt sich etwas machen.

Wir brauchen da gar nicht zu diskutieren.
Wir haben Corona, wir haben Maskenschändung, wir haben Korruption, an denen die SPD nicht teilnehmen konnte, weil wir in Bayern einfach nicht an der Macht sind. Deswegen sind wir übrigens auch dagegen. Also gegen die Korruption.
Und da muss ich sagen:
Ich schäme mich für alle die, die nicht SPD gewählt haben.
Wo die SPD regiert, wird sie nämlich gewählt.
Wo sie mit richtigen Personen an der Spitze steht, kriegt sie Zustimmung.
Das heißt im Umkehrschluss, wenn die Wähler die SPD nicht in die Regierungsverantwortung bringen, wählen sie sie auch nicht. Wenn man uns nicht lässt, kriegen wir auch keine Stimmen, heißt das.
Und das heißt,
der Wähler verliert da immer mehr das Vertrauen der SPD.
Weil diese Wähler einfach nicht kapieren, worum es uns geht.«

Man spürt, warum die SPD nicht fertig wird mit sich.
Seit über 150 Jahren führt sie sich auf und gibt Zugaben über Zugaben und immer mehr Publikum rennt weg, weil die Menschen einfach nicht mehr zuschauen können. Und Esken und Walter-Borjans spielen weiter vor leeren Rängen das Stück:
»Saskia, Norbert oder Olaf. Das ist hier keine Frage.«

Mit Esken und Walter-Borjans hatte die SPD wirklich die Notnägel auf den Kopf getroffen.
Gut, es war sonst keiner mehr da.
Esken und Walter-Borjans waren eigentlich auch nicht mehr da. Sie wurden nur erwischt, als sie nach Andrea Nahles die SPD hatten abschließen wollen.
Sie hätten auch Nachtportier werden können bei der SPD.

16 Vierzig Jahre Grüne und kein bisschen Klima

Über solchen Debatten und Reden verschwand völlig, was uns außerdem am Anfang des Jahres 2020 noch anging:
nämlich das vierzigjährige Jubiläum der Grünen.
Die sich 1980 zusammengefunden hatten
mit den Programm-Punkten:
Anti-Parteien-Partei,
Basisdemokratie,
gewaltfreier Staat,
sozial.
Aber konnten sie das wirklich feiern?

Wo das Erste, das sie gemacht hatten, als sie mit Gerhard Schröder 1998 begonnen hatten zu regieren, ›Hartz IV‹ war und ›Agenda 2010‹?
Ja, sie mussten bei fünf Millionen Arbeitslosen damals den Sozialstaat handlungsfähig machen. Das Soziale musste besser verteilt werden. Das war vielleicht nicht grünes Gründungsstatut.
Aber es war hohe Politik.

Und hohe Politik galt auch beim Thema Gewaltfreiheit.
Hatten doch die Grünen zwar unter schweren eigenen Protesten nach Amtsantritt 1999 gewalttätige Kriegseinsätze im Kosovo befohlen. In der Initiative vom damaligen Außenminister Joschka Fischer.
Auch das war zwar Staatsräson. Es ging um Völkermord. Aber auch heute noch wird ohne relative Not die berühmte Basisdemokratie infrage gestellt. Wollten doch die Herren Özdemir, Baerbock und Habeck diese Basis-

demokratie in der Satzung streichen. Weil die Einsicht eben nach 40 Jahren überwiegt:

Demokratie funktioniere nicht,
wenn alle mitquatschen.

Von ihren Gründungsgrundsätzen ist also wenig übrig. Aber immerhin wurde gefeiert, dass die Grünen sich Mühe gegeben hatten, die Politik in Deutschland menschlich gemacht zu haben.
Und erklärbar.
Es gibt ein plausibles Beispiel dafür:
Wenn man bedenkt, dass die Grünen in Baden-Württemberg damals im März 2011 nicht nur gewählt worden sind wegen des Tsunamis und der dadurch ausgelösten Atom-Katastrophe von Fukushima, sondern vor allem auch deswegen, damit der Stuttgarter Bahnhof ›Stuttgart 21‹ nicht gebaut wird. Inzwischen setzen sie den Bau jedoch besser um, als es die konservative Vorgänger-Regierung je gekonnt hätte.
Der Unterschied ist, dass bei einem Weiterregieren der CDU die Bürger ›Stuttgart 21‹ wegrevolutioniert hätten. Es hätte einen Aufstand gegeben. Der grün-roten und dann der grün-schwarzen Landesregierung ließ man es weitgehend durchgehen.
Warum?
Weil die versucht haben, die Menschen mitzunehmen.
Weil die den Menschen stets versuchten, klarzumachen:

Demokratie heißt, man kann nichts ändern.
Man kann nur drüber schwätzen.
Demokratie ist nicht Mehrheitswille.
Sondern das Recht der Mehrheit, länger zu reden über das, was eine kleine Gruppe unter dem Vorwand, die Mehrheit zu vertreten, ausgekungelt hat.
Demokratie ist oft nur das Recht,
Empörung zu formulieren
über die Lügen derer, die die Macht haben.
Und das ist meistens nicht die Regierung.

Briefwahl
jetzt!
Sie
kennen
mich.

Das sind natürlich ansprechende philosophische, vom Menschen ausgehende Erklärungen. Aber sie reichen manchmal doch nicht, wenn jedem Zuschauer der politischen Bühne offensichtlich wird, wie billig hie und da die Trägheit in der Politik erscheinen kann. Wenn nämlich – um ein Beispiel zu nennen – die Grünen seit Jahrzehnten flächendeckendes Tempolimit fordern in Deutschland. Aber erst als ihr grüner Ministerpräsident Kretschmann auf der A 81 bei Heilbronn im August 2020 verunfallt an einer Stelle, an der immer wieder Unfälle passieren wegen überhöhter Geschwindigkeit, haben die Grünen ihr Tempolimit auch eingeführt. Allerdings nur an dem betreffenden Autobahnabschnitt des Unfalls. Sollte es noch weitere Autobahnstrecken geben, auf denen ein Tempolimit sinnvoll wäre, müsste Ministerpräsident Kretschmann – möchte man vermuten – da erst wieder einen Unfall haben!?

17 Kinder an die Macht oder auf die Straße?

Solche Erlebnisse mit der grünen Politik und dem Dafürhalten, dass ganz generell Klimaschutz-Versprechen nicht so eingehalten wurden, wie man es verstanden hatte, dass es versprochen gewesen war – um es so neutral wie möglich auszudrücken –, führten dazu, dass schließlich zehn- und hunderttausende von Schülern sich zusammenschlossen zu ihrer ›Fridays-for-Future‹-Bewegung.
Unter doch einiger folgenloser Zustimmung
politisch Verantwortlicher.
Aber auch unter dem Unverständnis mancher, die Verantwortung zum Regieren auch schon mal abgelehnt hatten. Also des FDP-Vorsitzenden Christian Lindner.

Christian Lindner posaunte als FDP schlechthin den Jugendlichen entgegen, dass er sich gar nicht genug echauffieren könne, dass man sich darüber echauffierte, dass er sich echauffiert habe, dass Schule geschwänzt werde von einer Massenbewegung von Schülern für einen übergeordneten, fadenscheinigen Grund, der da heiße: ›Umwelt‹.
Denn Umwelt sei kein Kinderspielzeug.
Hier werde Umwelt zu Kinderkram gemacht.
Die Gesellschaft stehe Schlange an der Kasse des Lebens und zähle nach, was Brexit und Diesel kosten. Und da kämen die Kleinen und jammerten, sie wollten die Umwelt auch noch haben. Nur weil die Grünen und irgendwelche Klimaforscher diese Umwelt als Quengelware vor dem Ausgang in Augenhöhe der Kinder platziert hätten. Früher hätten Kaugummis, Schokoriegel und Überraschungseier gereicht. Heute müsse es das Klima sein.

Lindner konnte sich gar nicht beruhigen.
Die Jugend solle erst mal ihr Kinderzimmer aufräumen,
bevor sie den Erwachsenen Ratschläge erteile, wie die die Welt aufräumen sollen. Schüler sollten die Unterrichtszeit lieber nutzen, sich über physikalische und wissenschaftliche Zusammenhänge zu informieren und darüber, dass der Mensch mit der Umwelt gar nichts zu tun habe. Das seien zwei völlig parallel laufende Abläufe.
Nein, er sei fassungslos, dass er angegangen und angegriffen werde, weil er Einhaltung anmahne von deutschem Recht. Denn wer die Schule schwänze, mache sich strafbar. Wer der Schule fernbleibe, riskiere ein Bußgeld bis zu 1 500 Euro und eine Strafanzeige, die mit Freiheitsentzug enden könne.
Er fühlte sich einfach angegriffen, nur weil er sich dafür einsetzen würde, dass Jugend straffrei bleibt.

18 Gehören auch unsere Organe dem Staat?

Das letzte Thema, das einem noch in Gedanken blieb, als man schon längst in coronaler Taubheit versunken war,
war die Diskussion gewesen über Organspende.
Bei der sich ein Gesundheitsminister Jens Spahn
zwischen alle Stühle setzte.

Bis zum Beginn der Debatte galt bekanntlich die persönliche Zustimmung. Wer spenden wollte, sollte es in einer Art Ausweis schriftlich hinterlassen. Und diese Praxis wurde im Januar 2020 durch eine Abstimmung im Deutschen Bundestag auch noch einmal bestätigt. Man kann also weiter mit einem Organspendeausweis dokumentieren, dass man seine Organe spenden will.
Jens Spahn aber wollte eine Widerspruchslösung einführen. Danach sei jeder Deutsche Spender, wenn er nicht ausdrücklich widerspreche, Spender zu sein.
Das kam manchen vor, also würde man die Unschuldsvermutung abschaffen und unterstellen, jeder ist schuldig, wenn er nicht das Gegenteil beweist. Und so erweiterte sich der Vorwurf an Jens Spahn, er wolle die Organe der Deutschen nur vermarkten. Aber seine Antwort war eindeutig auch gesetzt zwischen den Stühlen. Oder zumindest zwischen den Zeilen, wenn er verstanden werden wollte, dass wir in der momentanen Lage in Deutschland
– über 10 000 Menschen warten auf ein neues Organ –
ein anderes Bewusstsein schaffen müssten.
Das ist nicht unbedingt falsch.

Bedarf aber eines Nachdenkens über die Urbedürfnisse des Menschen. Und die Urbedürfnisse beginnen schon damit, dass sich die Menschen sagen, das letzte Hemd hat keine Taschen. Und wo Besitz und Geld und Schmuck und alles andere im Diesseits gelassen werden müssen, möchte man doch wenigstens seine Organe mit in den Tod nehmen.
Vielleicht wollte Jens Spahn nur darauf hinwirken,
dass die Menschen sich bewusst machen:
Auch Organe sind nur weltlicher Besitz.

Man würde eventuell insgesamt weiterkommen, wenn man dieses Thema angeht, indem man die Lethargie des Menschen einkalkuliert.
In Ländern mit der Zustimmungslösung nämlich stimmen 10 bis 20 Prozent für eine Organspende. In Ländern mit der Widerspruchslösung wie Spanien und Österreich sind nur 10 Prozent gegen eine Organspende. Also 90 Prozent sprechen sich dafür aus.
Nun könnte man argumentieren, man könne ja dann in Bedarfsfällen die Organe nutzen aus Spanien und Österreich. Allerdings würde so wiederum im Bundestag die AfD Rabatz machen. Sie würde gewiss die Öffentlichkeit aufmischen, indem sie behauptet, durch die Hintertür würde der ›reine‹ Deutsche, wenn nicht durch Ausländer verunreinigt, so doch durch deren Organe.

Die Sorge vieler war darüber hinaus, durch Jens Spahns Gesetzesvorschlag der Widerspruchslösung gezwungen zu werden, sich unausweichlich mit dem Tod zu beschäftigen.
Man müsste ja ausdrücklich sagen,
man will nicht spenden!
Man müsste ausdrücklich beantworten,
was geschieht mit einem selbst nach dem Tod.
Wogegen die Zustimmungslösung immer noch den Ausweg bietet, dem Tod aus dem Weg zu gehen. Denn wenn man nicht zustimmt, muss man über den Tod auch nicht weiter nachdenken.
Eben das war aber das Missverständnis.
Es ging nach Jens Spahns Auffassung
gerade nicht um den Tod.
Denn wenn die Menschen gesagt bekommen:

Deine Organe gehören erst mal so lange dem Staat und der Allgemeinheit, solange Du nicht widersprichst, bringt man die Menschen dazu, sich zu beschäftigen mit dem Leben.
Ist es doch ein jahrtausendealtes, wissenschaftliches Rätsel, wie man dem Menschen ein möglichst langes Leben ermöglicht. Das scheiterte bisher an der Gesamtheit des Einzelnen als solchem. Mit Spahns Gesetz wäre man der Unsterblichkeit des Menschen einen großen Schritt näher gekommen.
Denn die Unsterblichkeit des Menschen
liegt wohl in seiner Wiederverwertung.
Wenn wir uns lösen von der Sterblichkeit unserer Organe
mit unserem Ableben, können wir erkennen:
Es gibt ein Leben nach dem Tod.
Aber eben nur in Einzelposten.

Wir brauchen Organe, das ist klar.
Bloß droht die Spaltung der Gesellschaft da, wo deutlich wird, dass Spender im Grunde erst mal gesund, kräftig, stabil und jung sein sollen. Das sind im Organspendewesen die besten Voraussetzungen für eine Transplantation. Das heißt, man nimmt natürlich ungern als Spender Menschen mit schwachem Herz oder mit Mukoviszidose-Lunge, man nimmt sicher keine Gehörgänge von Taubstummen und keine Wirbel von Querschnittsgelähmten und keine Innereien von Krebskranken.
Und da sind umgehend Proteste zu erwarten von Minderheitsorganisationen, die vorwerfen werden, man baue zwar Gender-Toiletten und Behinderten-Klos.
Aber am Ende des Lebens
lässt man Minderheiten sterben
als lebensunwerte Tote.

Man merkte, dass Politik sich immer mehr festgefahren hatte. Und wusste doch von alters her, dass in Notzeiten der normale Mensch zu unglaublichen Veränderungen in der Lage ist.
Nun kam diese Notzeit.
In Form eines auslösenden Virus.

Und doch war auffällig: Je schneller sich Corona veränderte, je variabler die Infektionswege wurden, umso unbeweglicher wurden Seehofer, Spahn, Lauterbach und Konsorten.
Das ist wohl immer so:
Je rascher sich etwas in der Gesellschaft verändern will, umso rascher werden von Oberen, von Ministern und Bundeskanzlern, die Bremsbeläge erneuert.

Man merkt, dass man auf dieser Ebene Veränderung immer aufhalten möchte mit Starrsinn und Beharren und Bürokratie. Je schneller Zukunft kommt, umso mehr glaubt man, mit Vergangenheit noch etwas Gegenwart bewahren zu können.
Aber die ist ja schon Vergangenheit,
während man Gegenwart nur ausspricht.
Und so waren gegen Corona-Mutanten nicht neue Ideen gefragt. Sondern die alten Antworten waren gefordert –
nach dem Motto: Wie wenig Neues darf ich gegen Corona probieren, damit ich noch die nächsten Landtagswahlen oder die Bundestagswahl gewinne?

19 Interview 2 zur Sage der gemeinsamen Not

Mit Sylvia Obst für das »Erfurter Stadtmagazin« am 12.9.2020.

SO Herr Richling, Sie geben oft schon Rückblicke mitten im Jahr. Können Sie es nicht abwarten?

MR Ich pflege die Bilanz sogar immer schon abzugeben vor den Ereignissen. Dann überraschen sie mich nicht mehr. Und tatsächlich sind sie auch insofern nur noch überraschend, als sie eben nicht überraschen. Man wundert sich, dass Politik immer noch so vorhersehbar ist. Dabei muss Kabarett immer Ausblick sein, auch ein Hoffnungsträger. Natürlich muss es sich kritischst auseinandersetzen mit allem, was uns regierungsamtlich und oppositionell vorgesetzt wird. Aber Kabarett sollte nie nur Nörgelei sein.

SO Sie stehen seit mehr als 20 Jahren auf der Bühne. Was unterscheidet Richling 2020 von Richling 2010 oder Richling 2000?

MR Der Versuch ist sehr nett, aber unnötig.
Ich stehe auf der Bühne seit fast 50 Jahren. Worin der Unterschied liegt zwischen den Programmen von jetzt und von vor 10, 20 oder 40 Jahren – das lässt sich mit dem besten Willen nicht beantworten in einem Interview.
Eine Doktorarbeit dazu wäre eher angebracht.
Generell ist nur zu sagen, dass Satire ja immer der Daumen am Puls der Zeit sein soll und dass sich auch meine Programme so verändern, wie sich die Zeit verändert. Thematisch ohnedies. Ich spreche heute nicht mehr von Kohl und Waigel, sondern von AKK und Söder, nicht

mehr vom sauren Wald, sondern von CO2 usw., usw. Und formal hat sich natürlich auch etwas verändert, insofern als die Zeit schneller und ungeduldiger empfunden und umgesetzt wird.

SO Sie sprechen von Corona und dem Grundgesetz? Sympathisieren Sie mit den »Querdenkern«?

MR Als Satiriker hat man immer zu sympathisieren mit Querdenken, wenn man nicht schon selbst querdenkt. Das Problem in dieser Zeit ist, dass Fragen schon nicht mehr gestellt werden dürfen, ohne dass der- oder diejenige gleich in eine radikale, eine rechte oder sonst eine Ecke geschoben wird. Wer wegen der Maßnahmen jetzt kurz vor der Insolvenz steht und wagt anzumerken, ob denn ein Gesamt-Lockdown wirklich notwendig war, wird hingestellt, als ob er alle seine Mitbürger umbringen wollte. Wenn 40 000 Menschen in Berlin auf der Straße sind, weil sie noch mehr Angst haben vor ihrer wirtschaftlichen Zukunft als vor ihrer gesundheitlichen, ist es erbärmlich, dass sie von vielleicht 500 Rechten oder Rechtsradikalen oder Reichsbürgern missbraucht werden. Es ist aber genauso erbärmlich, wenn dann in den Medien fast ausschließlich über diese Radikalen berichtet wird, über die Anliegen der restlichen 39 500 aber kaum noch bis gar nicht.

SO Glauben Sie, dass Sie Ihr Publikum in der Corona-Zeit teilweise verloren haben?

MR Nein.

SO Oder sind eigentlich die »neuen Themen« auch die »alten Themen«?

MR Natürlich nicht.

SO Ihre Lieblinge zurzeit, die Sie gerne kolportieren bzw. »uns nahebringen wollen«: Trump, Kretschmann und Strobl?

MR Die sogenannten Lieblinge wechseln ständig. Das hängt mit der Aktualität zusammen und auch mit der Spielbarkeit der betreffenden Personen. Nicht alle sind gleich erkennbar wie ein Karl Lauterbach oder ein Winfried Kretschmann. Einen Herrn Lindner würde man unter Umständen nicht mal erkennen, wenn er sich selbst spielt.

SO Sie sind vorrangig fürs schnelle Sprechen bekannt. Wo haben Sie das gelernt oder gar autodidaktisch erlernt und warum? Kamen Sie z. B. als Kind sonst nie zu Wort?

MR Ich glaube, es war eher so, dass meine Eltern nicht zu Wort kamen. Warum das heute noch so ist, kann ich mir nur erklären, dass mein Bestreben immer ist, die Zuschauer nicht zu langweilen.

1. AKT

Die Welt in Corona – Wir machen alles richtig

20 Psychologische Kriegsführung gegen Corona

All das bisher Beschriebene aber war Geschichte,
als Corona um die Ecke kam.
Alles andere war auf einmal wie weggeblasen.
Endlose, nicht gefundene Lösungen waren nicht mehr vorstellbar. Denn man sah an der Krise ›Corona‹, dass man sich nur ausschließlich mit einem Problem beschäftigen muss und sich nicht verzetteln darf in vielen anderen Themen,
dann kriegt man es auch gelöst.
Dadurch, dass es nur noch das eine Thema ›Corona‹ gab, bekam man es doch auch ziemlich schnell in den Griff, oder?

Und so sagten Betroffene und Unbetroffene, Virologen und Politiker bald übereinstimmend, dass dieses Virus Corona uns nicht zwei Jahre beschäftigen werde. Oder drei Jahre. Nein. Die schnelle Lösung bestand darin, zu wissen:
Das Virus Corona begleitet uns – ewig.

Das war eine sehr gute Nachricht!
Denn das Wissen, dass etwas nicht weggeht, dass etwas ewig ist, dass etwas andauern wird, ist die beste Grundlage dafür, dass man es aus dem Kopf hat.
Dass man nicht mehr dran denkt.
Weil es Alltag wird.
Wir denken auch nicht täglich an den Tod.
Wir leben damit. Sorglos. Vor uns hin.
Im Grund kümmert er uns nicht.

Und bekümmert uns nur, wenn wir für einen menschlichen Augenblick direkt oder indirekt von ihm betroffen sind.

Denken wir einmal an die Menschen in San Francisco.
Die wissen wissenschaftlich sogar begründet, dass der Big Bang, das große Erdbeben, 100-prozentig irgendwann kommt. Aber sie siedeln sich trotzdem dort an, in San Francisco. Sie flüchten nicht weg von da. Sie leben damit. Weil man ihnen eben nicht sagt, das Beben kommt in zwei Jahren. Oder in drei Jahren.
Man sagt, es kommt irgendwann.
Das kann ewig dauern.
Und diese Information ›irgendwann‹ ist der Antrieb für die Menschen, Gefahren zu ignorieren und das Leben so zu leben, wie es ist –
als ein Tagesereignis.
Dieses Wissen wurde auch in der Pandemie
zu einem enormen Fortschritt.

Kritisch war nur, dass man anfangs immer sprach vom ›totalen Lockdown‹. Die Vokabel ›total‹ verfolgte einen. Der Ewigkeits-Charakter von Corona wurde damit viel zu konkret und zu bildlich gemacht und beinahe zerstört. Mental ist eine solche Situation nicht zu ertragen. Beim Begriff ›ewig‹ wartet man nicht mehr. Man findet sich ab. Man fügt sich. Und wird ausgeglichen. Dagegen war mit dem Wort ›total‹ die Vorstellungskraft unzumutbar angeregt. Da diese Vokabel zudem natürlich auch für viele assoziativ gleichgesetzt wurde mit dem elend bekannten Zitat vom ›totalen Krieg‹ des Herrn Goebbels. Den hatte man ohnehin im Ohr, wo gerade 75 Jahre Kriegsende gefeiert worden waren im Januar 2020.
Und dann sprach Monsieur Macron als französischer Staatspräsident noch davon, dass wir mit Corona im Krieg seien. Das war alles zusammen als psychologische Kriegsführung ein Desaster.

Man muss in einer solchen Situation Hoffnung geben.
Und da hatten die Regierungen komplett versagt:
Wenn 1939 der 2. Weltkrieg begonnen worden wäre mit denselben Worten, mit denen man den Krieg ›Corona‹ am ganzen Anfang begonnen hatte – nämlich dass ›Corona‹ zwei Jahre dauern würde und dass es furchtbar

werden würde –, und man wäre in den Weltkrieg gleichfalls gegangen mit Sätzen wie, dass es furchtbar würde und dass es sechs Jahre dauern würde und dass die Städte dem Erdboden gleich gemacht würden und es 60 Millionen Tote geben würde, dann hätte es bei Volk und Militär nur noch Fahnenflüchtige gegeben.

Stattdessen hatte man damals in diesem Weltkrieg einen Unterhaltungsfilm nach dem anderen gedreht mit Heinz Rühmann, Marika Rökk, Gustaf Gründgens, Johannes Heesters und vielen mehr.
Und so hätten die Menschen Corona und die Einschränkungen, die damit verbunden waren, von Anfang an viel besser verkraftet, wenn Zarah Leander noch gesungen hätte:
›Davon geht die Welt nicht unter‹!

Man darf zugeben, dass Frau Merkel
sich in ersten Erklärungen Mühe gegeben hat:
»Es ist ernst«,
hatte sie immer wieder behauptet.
Und das hatte sie auch stets sensibel an den Mann gebracht. Jedenfalls gelang es ihr bei diesen ersten Malen, dass man nach ihren Ansprachen nicht gleich vollkommen hysterisiert war als potenzieller Patient.
Nur die Wissenschaftler und die Virologen hatten jedes einzelne Mal umgehend die Hoffnung ihrer Reden zerstört und sprachen nur von Drama, Drama, Drama:
Es wird schlimmer, es wird schlimmer, hieß es stets.
Das konnte sein. Aber es konnte auch nicht sein.
Doch mit der Aussicht auf Drama
kann der Mensch nicht leben.

Weil man vorher immer mehr Angst hat,
als wenn man mittendrin steckt.
Deswegen leugnet man noch lange nicht die Erkenntnisse. Wir wollten nur nicht hören, wenn Jens Spahn sagte, das sei »die Ruhe vor dem Sturm«. Wir wollten nicht hören, dass Kontaktsperre und Ausgehverbot und geschlossene Läden erst die Ruhe sein sollten vor dem Sturm.
Das war möglich. Aber das erträgt man nicht.

Wenn es schlimmer kommt, erträgt der Mensch es schon.
Aber nicht vorher!
Die Vorfreude ist die schönste Freude, sagt man.
Aber dann ist die Vorangst auch die schlimmste Angst.

Wir hatten 2015 panische Angst, dass die Flüchtlinge kommen und uns alles wegnehmen. Aber kaum waren sie da und man kam mit ihnen in Kontakt und sah ihr Leid und hörte von ihrem Leid, half man ihnen ja doch. Die meisten von uns jedenfalls.
Wenn sie irgendwo in sich noch ein kleines Herz hatten. Und nicht einer vorgestrigen Partei oder Organisation angehörten.

21 Geistige und seelische Diät gegen Corona

Wir brauchen Hoffnung.
Egal, wie schlimm es wird.

Und deswegen war im Fall der Corona-Krise für uns Deutsche auch das Klopapier so wichtig.
Wer in einer solchen Krise vor allem Klopapier kauft, zeigt eine immense Bescheidenheit. Das haben die Deutschen getan. Sie kauften ja keinen Kaviar. Sie fraßen anderen nichts weg. Die Franzosen horteten stattdessen Wein. Und wovon ernährten sich dann die anderen Franzosen, die vor leeren Regalen standen? Die Amerikaner horteten Waffen. Gut, da brauchten andere Amerikaner schon nichts mehr zu essen. Die Deutschen klammerten sich in der Ausweglosigkeit nur an Klopapier.
Das war rührend. Das war menschlich.
Das war Hoffnung für sie.
Und wer zehn Pakete Klopapier kaufte, hatte umso größere Hoffnung. Hoffnung, zu überleben. Ganz einfach.
Zehn Pakete! A 20 Rollen! Bis man die alle aufbrauchen würde. So lange müsste eine höhere Macht einen doch leben lassen? Ein innerer Trieb ließ die Deutschen glauben, dass der Herr sie unmöglich sterben lassen könne, bevor sie nicht das letzte vierlagige Blatt Klopapier aufgebraucht hatten.

In Zeiten von Nachhaltigkeit, in Zeiten von Protesten gegen Ressourcenvergeudung und in Zeiten von Lebensmittelvernichtung hatte sicher sogar Greta Thunberg schon gen Himmel gedroht:
»Wie könnte Gott es wagen!«

So hatten sich zumindest die Deutschen bald eingerichtet in der Not. Und wollten es leichter ertragen, dass immer noch mehr Lockdown gefordert wurde und noch mehr Lockdown.

Zumal in der Rückblende klar wurde, dass sich bald schon ein Drittel der Beschäftigten ans Homeoffice gewöhnt hatte und künftig zu Hause bleiben wollte.
Es gab relativ schnell eine wirklich beachtliche Anzahl von Bürgern, die anfingen, die Langeweile zu genießen. Sie machten Dinge, an die sie nie vorher gedacht hatten. Sie schauten aus dem Fenster und entdeckten einen Baum. Von irgendwoher kam Musik. Ach, nein, das war Kindergeschrei. Wunderbar. Man hat in die Nacht und den Tag hinaus gehört und hinaus gefühlt: kein Fluglärm, kein Feinstaub, der Himmel blau oder sternenklar. Die Hälfte der Deutschen wollte plötzlich im Sommer gar nicht mehr in den Urlaub fahren.
Ob wir je wieder arbeiten können,
war auf einmal die Frage?

Es ging sogar so weit, dass viele nach Mallorca gedüst sind. Und dort deswegen abstandslos Party gefeiert haben, weil sie wussten:
Wenn ich heimkomme, kriege ich noch einmal
zwei Wochen Zusatzurlaub in der Quarantäne.

Dennoch merkte man immer mehr,
wie die seelisch-geistige Nahrung wegbrach:
Theater, Konzert, Oper, Kino –
plötzlich spürten Ältere, warum Corona die Jungen kaum betraf. Sowohl in Form einer Ansteckung. Wie auch in Form der mentalen Auseinandersetzung mit der Krise. Die Jungen machten doch seit Jahren Social Distancing:
Chatroom, Twitter, Instagramm –
verabredet wird sich schnell. Digital!
Aber live treffen tut sich eben keiner mehr.
Und darauf wurden nun auch die Älteren trainiert:
Sie sollten sich nicht mehr treffen.
Und Mozart, Schubert, Beethoven wurden ihnen zugestreamt und live ins Haus gebracht.

Aber ersetzte das das Live-Erlebnis?
Gerade im Beethoven-Jahr 2020?
Das Jahr, in dem wir seinen 250. Geburtstag groß feiern wollten. Zumal Beethoven mit seiner Musik und als Person weit über die Musik hinausgeht. Eben gerade ins Politische.

22 Beethoven litt an der Welt, wir leiden an uns

In der Beschäftigung mit Beethoven mussten wir in dieser Krisenzeit besonders verkraften, wie es möglich ist, dass Beethoven eine solch unglaubliche Musik hinterlassen hat für uns.
Wo er selbst taub war. Und depressiv. Er war Alkoholiker. Er war immer unglücklich verliebt. Er war seelisch und körperlich schwer beschädigt. Wie konnte er da noch diese Musik hervorbringen, fragen wir uns?
Nun, gerade deswegen!

Wir litten unter Corona-Beschränkungen.
Was brachten wir hervor?
Beethoven hat seine Qualen überwunden
mit herrlichen Konzerten und großen Sinfonien.
Ist das heute noch möglich? Fragen wir uns.
Nein.
Aber warum?
Weil Beethoven keinen Ausweg hatte.
Heute liest man, dass sich die Zahl der Fälle von Burnout in den letzten Jahren vervielfacht hat: Erschöpfung, Überforderung, seelische und körperliche Schädigungen. Und?
Wo bleiben die großartigen Sinfonien
und herrlichen Konzerte?
Bei Beethoven kannte man keine Psychologen.
Heute aber therapieren hunderte und tausende von Psychologen jedes Jahr hunderte und tausende von Opern, Sinfonien und Konzerten aus den Menschen weg.

Sie sind für immer verloren.
Große Werke gibt es nicht mehr. Weil die Menschen nichts mehr machen aus ihrem Leiden an der Welt und an sich.
Was können wir glücklich sein, möchte man sagen, dass Beethoven so unglücklich war. Und was müssen wir unglücklich sein, dass sich heute alle glücklich machen lassen wollen.
Und unsere Politiker spielen, als ob sie unsere Therapeuten wären. Sie wollen uns alle glücklich machen. Also haben wir nur noch Leere in uns und keine Musik.
Uns fehlt das Leiden,
damit wir etwas Großes hervorbringen.

Flüchtlinge nehmen uns was weg, sagen wir.
Weil wir nicht mit ihnen leiden!
Deswegen ist es ja so einseitig, wenn die Flüchtlinge nur hier herkommen. Wir müssten auch zu ihnen gehen, um ihr Leiden zu verstehen. Wir müssten nicht nur teilen. Wir müssten tauschen. Für jeden Flüchtling, der aus Syrien nach Deutschland kommt, müsste ein Deutscher nach Syrien gehen – sozusagen im Zuge eines Flüchtlingsexchanges.
Wie soll man diese Menschen sonst verstehen?
Wir leiden zu wenig an den Flüchtlingen, um Großes zu leisten. Um etwas großes Menschliches zu leisten, was die Menschen noch in 250 Jahren erschüttert und zu Tränen rührt wie eine 9. Sinfonie oder eine Oper ›Fidelio‹ von Beethoven. Damit man dann einstmals auch von der deutschen Politik und von den deutschen Wählern hört, was Beethoven im Jahr 1789, dem Jahr der Französischen Revolution, an einen Freund geschrieben hat:
»Wann wird auch der Zeitpunkt kommen,
wo es nur Menschen geben wird?«

Wir sind nicht wirklich auf die Zukunft ausgerichtet.
Wir fragen nicht mehr, was wir der nächsten Generation an geistigen oder emotionalen Gütern hinterlassen.
Damit sie ihre Seele damit waschen kann.
Wir sind nur noch auf die Gegenwart fixiert.
Und sogar nur auf unsere Gegenwart.
Dabei gibt es so viele Gegenwarten:

in Syrien, in den USA, in China.
Uns alle verbinden nur Wirtschaft, Geld und Corona. Und neuerdings ein bisschen Klima. Beethovens Drang nach Freiheit und Selbstbestimmung hört man seinen Werken an. Aber in der Politik heute wollen wir nur hören von Freiheit für uns selbst.

Also bleibt die Frage,
was Beethoven zu tun hat mit unserem Leben?
Und mit unserer Politik?
Wenn man meint, Beethoven war ausschließlich Musik, täuscht man sich gewaltig. Er verehrte Napoleon und widmete ihm deshalb seine 3. Sinfonie, die er ›Eroica‹ nannte. Als jedoch Napoleon sich mit Überheblichkeit und Selbstverklärung die Kaiserkrone eigenhändig aufs Haupt setzte und Diktator wurde, hat Beethoven die Widmung für ihn umgehend gestrichen. Und wollte von da an seine 3. Sinfonie verstanden wissen als Protest gegen Napoleon.
Es hat sich Politik immer widergespiegelt in der Musik. Bis zur Zeit Beethovens wurden Länder in Europa beherrscht vom Feudalismus. Seine Oper ›Fidelio‹ war endlich der Protest für Freiheit und eine friedliche Herrschaft.

Beethovens Musik ist Emotion, mitgerissen zu werden.
Obwohl man es nicht versteht.
Politik heute ist emotionslos, bürokratisch und kleingeistig.
Weil man zu viel davon versteht.
Man durchschaut, dass es unverständlich ist.

Politik funktioniert nicht mehr, weil sie kein Geheimnis ist und kein Geheimnis hat. Musik hat immer etwas Geheimnisvolles. Der Politik aber fehlt heutzutage jegliche Musik.
Vielleicht auch, weil sie nicht zu sich steht und zu ihrer oftmaligen Widersprüchlichkeit. Konrad Adenauer konnte noch einsichtig von sich behaupten: »Was kümmert mich mein Geschwätz von gestern? Nichts hindert mich, weiser zu werden.«
Welcher Politiker würde das heute von sich preisgeben?
Da wäre Beethoven über die Zeiten hinaus ein klares Zeichen den Widerspruch zuzugestehen, der jedem Menschen zu eigen ist.

Beethoven war ein fortschrittlicher Mensch. Im Geiste der Aufklärung. Aber er hat sich doch den Monarchen in Deutschland und Österreich angeboten und sich von ihnen bezahlen lassen. Er glaubte an den selbständigen Menschen und gleichzeitig an den Menschen, der sich unterwirft und um Gunst bittet.

Das kann Politik heute lernen:
Dass die Parteien an sich glauben und trotzdem demütig auf Nachsicht beim Wähler hoffen. Und zu ihm gegebenenfalls auf Knien rutschen. Oder zum Beispiel als CDU zu einem linken Ministerpräsidenten Ramelow in Thüringen. Weil sie als CDU selbst Blockpartei der SED war zu Zeiten der DDR: Die CDU war Teil des Systems.
Und das drückt nicht ihren Hass aus gegen links.
Sondern es drückt ihren Hass aus gegen sich selbst.
Es ist ihr Selbsthass.
Die CDU (und aus anderen Gründen auch die SPD) hasst sich selbst. Mehr nicht.

Als Beethoven nicht mehr lebte, wurde er oft ausgedeutet. Westdeutschland hat ihn als Kämpfer für die Freiheit in die Höhe gehoben. Die DDR hat ihn als sozialistischen Kämpfer für die Arbeiterklasse verbraucht. Die Europäische Union lullt EU-Gegner ein mit der 9. Sinfonie als Hymne. Und Hitler hat ihn auch vergewaltigt für seine Abnormitäten.
Übrig blieb immer Beethoven.
Wenn die, die ihn gebraucht haben,
längst untergegangen waren.

Das ist das Problem heute.
Die Politik repräsentiert nur noch, sie spielt nur nach.
Produzieren tut sie nichts.
In der Politik gibt es eben keine Komponisten.
Es ist nur Politik.

Es ist, wie gesagt, merkwürdig, dass Beethoven taub war und die großartigste Musik hervorgebracht hat. Heute sind so viele Politiker taub und es kommen nur billige Schlager und Hetzlieder aus ihnen heraus.
Beethoven ist über 250 Jahre alt und bekannter als jemals.

Die so noch genannten Volksparteien sind circa 150 und 70 Jahre alt und arbeiten besessen an ihrer Unbekanntheit. Warum ist Beethoven heute noch so beliebt wie kaum einer?
Weil das, was er im Sinn der Französischen Revolution wollte, nämlich Gleichheit, Freiheit, Brüderlichkeit, bis heute nicht erreicht ist. Darum ist seine Musik dermaßen utopisch.

Also wir sehen:
Musik ist viel, viel mehr als Klang und Geräusch.
Musik hat immer einen Bezug zur Gegenwart und zum Leben. Und damit ist sie auch politisch. Wenn auch surrealistisch. Sie rückt nicht konkrete politische Ziele aus. Es geht bei Musik nicht um die reale Politik.
Die Politik heute hat keine Musik. Sie ist keine Musik. Sie hat keine Melodie und keinen Rhythmus. Sie macht keine Musik. Sie hat kein Verhältnis zur Musik. Und die Parteien – das sehen wir an ihren Debatten, in denen meist nur noch Personalbesetzung diskutiert wird –
sie haben auch kein Verhältnis mehr zur Politik!!!

23 Karl Lauterbachs imaginables Redeprotokoll

In dieser Zeit, in der wir nicht nur körperlich, sondern ebenso seelisch und gemeinschaftlich von einem Virus dominiert werden, nimmt man die Welt nur noch wahr wie durch eine Blindenbrille. Und zwar auf höchster Regierungsebene.
Vor allem, da im Beratungskreis der Bundeskanzlerin keine psychologischen, soziologischen oder ökonomischen Berater saßen. Sondern nur Virologen, Virologen, Virologen.
Die ihre einzige Wahrheit verkündeten.

Aber es ist auch verfassungsrechtlich nicht einwandfrei,
wenn wir aus Corona eine Religion zu machen versuchen.
Auch wenn sie paradoxerweise wissenschaftlich belegt wird.
Das hat bisher noch keine Religion geschafft.
Beim Thema ›Corona‹ spürte man das Bemühen darum jedoch beinahe jeden Tag. Zuvorderst von gewissen Fürsprechern immer radikalerer Maßnahmen.
Wie zum Beispiel
dem Talkshow-Darsteller Karl Lauterbach.
Der außer in die Serien »Anne Will«, »Hart aber fair«, »Lanz«, »Illner«, und »Maischberger – Die Woche« nie wieder woanders hin engagiert werden wird, weil die Zuschauer ihm einfach keine ernste Rolle mehr zutrauen, außer der des bösewichtigen Panikmachers.

Was sicher darin begründet liegt, dass ihm, Karl Lauterbach, seine eigene SPD in den doch einigen Jahren, in denen sie in Regierungsverantwortung gewesen war, kein einziges Mal einen Ministerposten angeboten hatte.

Trotz seiner überhöhten Qualifikation, die von ihm selbst regelmäßig überprüft und annonciert wird.
Jetzt hatte sich die Natur gerächt und Herrn Lauterbach mit ›Corona‹ die einmalige Chance gegeben, über die Köpfe der SPD hinweg, sich die intellektuelle und fachliche Oberhoheit zu verschaffen über sämtliche wesentlichen politischen Organe und Sprachrohre der Republik. Seit COVID-19 bekannt wurde, leitete und dominierte Karl Lauterbach alle nur denkbaren Informations- und Redeformate im öffentlich-rechtlichen und auch im privaten Fernsehen.

Und einige seiner Reden sind inhaltlich und formal
ganz nah an dem, was er hier von sich gibt:

»Ich muss darauf hinweisen:
Die Corona-Lockerungen bleiben ein ganz gefährliches Zeichen für das Zusammenleben. Für die Gesundheit von uns allen. Für das Überleben der gesamten Menschheit. Weil die Übertragungswege immer noch nicht eindeutig definiert sind.

Denn Corona überträgt sich eben nicht nur, wie viele immer noch naiv meinen, durch Tröpfchen beim Husten oder Niesen. Oder beim bloßen Sprechen und Atmen. Es heftet sich an den Sand in den Sandkästen und an den Ball Champions-League.
Das Virus hat da durchaus was Menschliches.
Es macht vor niemandem Halt.
Wir müssen innehalten,

(Original-Zitat:) ›denn sonst kriegen wir weitere Lockdowns nicht durch. Und die brauchen wir, und zwar deshalb, wenn man das gemacht hat, dann sind nur noch so wenige im Land infiziert, dass man mehr Lockerungen machen kann, weil die Wahrscheinlichkeit, dass ich mich dann infiziere, ist gering, und die Wahrscheinlichkeit, dass ich einen neuen Fall so aufarbeiten kann, dass ich den sofort ersticken kann. (...) Weil das schneller geht als wenn er.‹ (...)

Nein, entschuldigen Sie, ich habe mir jetzt nicht zugehört. Ich habe es nur beantwortet aus der medizinischen Perspektive. Ich wollte aber sagen:

(Original-Zitat) ›Wenn die Fälle wieder zunehmen, dann sollten wir das noch einmal überlegen, dann müssen wir das Feuer ja wieder austreten.‹

Man hat schon früher bei Viren- oder Bakterien-Befall in armen Gegenden oder bei Schimmel erkannt, dass das Einzige ist, was hilft, die Häuser niederzubrennen und damit die Krankheitserreger zu vernichten. Ich denke, das wäre großflächig gerade in Städten in Deutschland und in Europa auch eine Variante. Solange wir nicht genau wissen, wie sich alles entwickelt. Und wir brauchen da auch keinen differenzierteren Blick. Weil das Virus gar keine Differenziertheit kennt.

Deswegen ist es logisch, dass man zum Beispiel zur Hoch-Zeit des Virus in Supermärkte reindurfte, aber in Restaurants nicht. Solange wir nicht wissen, wie, wo und wann das Virus sich überträgt, können wir auch nicht wissen, wieso wir entscheiden:
Supermarkt ja, Restaurants nein.

Und wenn ich höre, dass seien ja Argumentationen, die geistig gar nicht mehr nachzuvollziehen sind, dann kann ich nur sagen, das sagten ja die Virologen:
Dass Corona nicht nur auf die Lunge geht.
Sondern auch aufs Hirn und zu Demenz führen kann.
Sie sehen es an denen, die Corona leugnen. An den Demonstranten. An denen, die gegen Einschränkungen sind. Da löst Corona Demenz schon aus, bevor diese Leute das Virus überhaupt in sich tragen. Die einzige Chance, das Virus ›Demonstration‹ einzudämmen, ist, indem wir, wie bei Corona, die Sorge der Leute schüren. Und zwar die Sorge, als Nazi eingestuft zu werden vom Verfassungsschutz. Die Mehrheit ist nicht ›rechts‹, das gebe ich zu. Aber wenn diese Mehrheit spürt, dass wir sie einstufen als ›rechts‹ und als radikal, dann bleiben sie bei den Demonstrationen weg und nur die Radikalen bleiben übrig.
Und wir haben sie.

Wir brauchen mehr Panikmache.
Mehr Radikalität.
Denn der Ungehorsam wird stärker.
Deswegen müssen wir uns umsehen, wie andere autoritäre Regime das schaffen, die Masse auf ihre Seite zu bekommen.
Mit Angst!
Wir müssen uns fragen, warum kommt es im Iran zum Beispiel zu keinem Aufstand wegen Reglementierung und Staatsgewalt?
Weil man dort 72 Jungfrauen im Jenseits verspricht!
Auch wir brauchen mehr Versprechungen
für das Jenseits.
Weil wir die Versprechungen im Diesseits
nicht mehr halten können.
Wir brauchen mehr Gehirnwäsche.

Jeder Kontakt kann kontaminiert sein.
Jeder einzelne kann Tod und Unheil bringen.
Jeder einzelne kann ein Verbrecher sein.
Wer hier demonstriert, dem geht es um die Eindämmung meiner Person und um die Eindämmung staatlicher Restriktionen. Meine Person und die staatlichen Restriktionen mögen für viele unlogisch sein. Aber wie unlogisch ist zum Beispiel die Politik von Erdogan und Lukaschenko oder Trump?
Und trotzdem steht eine große Mehrheit hinter ihnen.
Deswegen habe ich auch meine Äußerung, dass die Unverletzlichkeit der Wohnung im Grundgesetz hinfällig ist, dahingehend korrigiert, als nicht die Polizei die Wohnungen kontrollieren soll.
Ich appelliere an jeden einzelnen Bürger,
Polizeiaufgaben wahrzunehmen.
Wir brauchen wieder mehr Blockwarte.
Wir müssen achten, dass keiner unsere Verschwörungs-theorie ins Wanken bringt, dass Corona tödlicher ist als Pest und AIDS. Sonst werden wir dem Bürger auf Dauer nicht Herr.

**Doch Corona hilft uns schon,
über die Demokratie hinauszuwachsen.**

Ich beobachte natürlich auch, dass die Menschen emotional ein Problem haben, die harten Einschränkungen zu akzeptieren in dieser Länge, wo die Todesrate bei nur circa einem Prozent liegt. Diese Prozentzahl ist aber genau das, was mir auch Sorge macht.
Wir haben 83 Millionen Bundesbürger in Deutschland. Aber zum Zeitpunkt dieser Rede nur etwa drei Millionen Infizierte und unter 100 000 Tote. In einem Jahr –
nur, möchte man sagen.
Weil man die Menschen so nicht diszipliniert bekommt. Würden wir jedem Haushalt drei Pesttote vor die Türe legen und zehn Ratten dazusetzen, die um sie herumtanzen, hätten wir diese Diskussion nicht, und die Leute blieben freiwillig zuhause. Da würden dieselben Leute demonstrieren für noch weniger Grundrechte.
So etwas wie die Pest
fehlt uns für eine wirkungsvolle Gesundheitspolitik.

Weil die Leute ohne solch einen Schock noch schwerer umsetzen, dass sie solche Einschränkungen nicht gewöhnt sind.
Bei den massiven Lockdowns sagen sich viele,
wofür leide ich, wenn ich gar nicht leide?
Dabei geben wir uns von Regierungsseite die größte Mühe. Das RKI sagt, die meisten Ansteckungen passieren im privaten Bereich. Also haben wir Theater, Museen und Gaststätten geschlossen, damit mehr Menschen privat bleiben können und sich anstecken. Aber die Kurve der Infizierten steigt nur wenig. So können wir unsere Einschränkungen auf Dauer nicht fortsetzen.

Hätten wir Corona 1945 gehabt nach dem Krieg, wo alle Städte zerstört waren und 60 Millionen Menschen tot gewesen sind, hätte jeder gesagt:
Gott sei dank,
dass einmal so etwas Glimpfliches
wie Corona über uns kommt.
Heute sind wir zu verwöhnt von Frieden
und Wohlstand
und Gesundheit
und Sattheit.
Das sehen Sie schon daran:
1945, nach Zerstörung und Massentod, kannte man Burnout nicht. So was kommt erst, wenn es den Leuten zu gut geht. Für Krisen sind wir Memmen geworden. Für das psychische Gleichgewicht, Katastrophen künftig besser zu ertragen, tun uns Corona und diese Auflagen ganz gut.

Das Problem ist, das werden Sie bestätigen,
je erfolgreicher die Auflagen,
desto geringer das Bedrohungsgefühl.
Deswegen sage ich ja, wir brauchen mehr Bedrohung.
Wir brauchen dringend eine fünfte Corona-Welle.
Und eine fünfte und eine sechste Welle und eine siebte.
Sonst wird man immer sagen,
wir haben die Leute von Anfang an
an der Nase herumgeführt.

Denn wenn es schlimmer kommt, hat das außerdem den Vorzug, dass 2015 relativiert wird. Dann nehmen viele freudig Asylanten auf und Angela Merkel wäre froh, wenn sie noch mal eine Flüchtlingskrise hätte.

Gleichwohl werden die Deutschen bald staatsgefährdender als das Virus selbst. Deshalb braucht es Kontrollen. Und die im Grundgesetz verankerte Unverletzlichkeit der Wohnung, habe ich ja wörtlich gesagt, darf nicht das einzige Argument mehr sein für ausbleibende Kontrollen. Wir müssen an die Freiheit der Person, an die Persönlichkeitsentfaltung, an Artikel 11 im Grundgesetz, also an das Recht auf Freizügigkeit und an die freie Wahl des Wohn- und Aufenthaltsortes. Das hat sich alles mit Corona erledigt.
Die Individualität hat sich erledigt.
Viele haben noch nicht verstanden,
dass ›persönliche Kontakte‹ zu beschränken heißt:
Persönlichkeit beschränken.
Soziales Verhalten ausmerzen.
Wir müssen den Einzelnen immer wieder nachjustieren.
Wir müssen den Menschen als anonyme Masse begreifen. Wer die Gesellschaft gefährden könnte, darf sich nicht zurückziehen auf seine Menschenrechte.

Zumal das Grundgesetz ohnehin in den vielen Jahren seiner Existenz zu einer Durchseuchung von Freiheits- und Selbstbestimmungsansprüchen geführt hat.
Jeder beruft sich auf die Grundrechte. Aber in Notzeiten lässt sich der Luxus der Grundrechte nicht aufrechterhalten.
Wir sind mit Corona im Krieg.
Es gilt also Kriegsrecht.
Das hat mit Grundrechten nichts zu tun.
Die Privaträume müssen zu einem luftleeren Raum werden. Der Augiasstall Privatwohnung muss endlich ausgemistet werden. Auf die Gefahr hin, dass uns sein Geruch nicht eben lieblich in den Ohren klingt.

Ich kann auch das Wort ›Grundgesetz‹ nicht mehr hören.
Die, die dieses Wort permanent im Munde führen, sind dieselben verwöhnten Deutschen, die sonst jammern, dass zu Weihnachten der Christbaum

nicht hoch genug ist und die Plätzchen mit Schmalz statt mit Butter gebacken sind.
Das Grundgesetz ist Luxus in dieser Zeit.
Ein Luxusartikel wie eine Gucci-Handtasche oder ein Cartier-Collier. Das sind alles non-existentielle Dinge, die in den Bereich ›Schicki-Micki‹ und ›High-Society‹ gehören. Grundgesetz ist etwas für die Upperclass, die nicht weiß, wohin mit ihrem Geld.
Man muss es sich leisten können.
Das Grundgesetz.
Das Grundgesetz muss man sich leisten können.

An alle Vernünftigen
deswegen die dringende Aufforderung:
Keine Kontakte dürfte auf lange Sicht kein Problem sein, wenn wir uns mehr auf die Natur besinnen. In der Tierwelt ist es gang und gäbe, dass Löwen und Eisbären ihre Mütter nach einigen Jahren nicht mehr kennen.
Lernen wir von der Tierwelt.
Isolieren wir uns.
Viele Infektionen finden auch statt ohne fremde Kontakte. Wir kennen Ehepaare, die ein Jahr in völliger Isolation lebten und sich trotzdem infiziert haben. Das heißt, sie stecken sich an an sich selbst. Also sprechen Sie bitte auch nicht mehr mit sich. Vermeiden Sie den Kontakt mit sich. Schauen Sie nicht mehr in den Spiegel. Führen Sie keine Selbstgespräche.
Ich kann es nur immer wieder wiederholen:
keine Kontakte, keine Kontakte, keine Kontakte.
Zu niemandem.
Wir brauchen nur noch getrennte Schlafzimmer.
Wir brauchen überhaupt mehr Scheidungen.
Wir brauchen mehr Singlehaushalte.
Der Mensch muss ein Einzeller werden, damit er sich vermehren kann durch Selbstbefruchtung. Da müssen wir uns einstellen auf einen Jahrmillionen langen Evolutionsprozess.
Aber das wird gehen.
Bei Schnecken funktioniert es auch.

Dazu müssen wir die Lebensgrundlagen herunterfahren auf das Rudimentäre. Wenn wir jetzt noch die Supermärkte schließen, werden die Leute durch Hunger auch abgelenkt von ihrem Gejammer. Sie werden arbeitslos und kontaktlos sein.

Wir müssen endlich einsehen:
Nicht arbeiten,
nicht essen,
nicht sprechen,
nicht bewegen,
nicht atmen –
das schützt die Gesundheit von uns allen.«

24 Für China gibt es nur Vorteile

Man hatte bald den Eindruck, dass man gegebenenfalls dankbar wäre für Argumentationsketten, die vielleicht vom chinesischen Präsidenten Xi Jinping hätten erwartet werden dürfen.

Zumal der unselige amerikanische Präsident Donald Trump immer zu sagen pflegte, Corona sei das chinesische Virus schlechthin. Denn China habe dieses Virus ja in die Welt gesetzt.
Woraus sich als Erstes die Frage ergab, ob die Welt von China Schadensersatz würde fordern können und ob China für die Folgen des Corona-Ausbruchs Klagen der Weltgemeinschaft zu erwarten habe. Die Antwort der chinesischen Regierung kann man sich denken.

Denn sie zielte gewiss auf die so zahlreichen positiven Nebeneffekte der ganzen Krise.
Oder wollten wir leugnen, dass mit Aufkommen des Virus und der Inszenierung der Menschheit als weitgehend geschlossene Gesellschaft zum Beispiel Benzin und Heizölpreise drastisch gesunken wären?
Dass ein Sinken der Immobilienpreise erwartet wurde und damit ein Sinken der Mieten? Das geschah zwar in der Folge nur bedingt bei Räumlichkeiten, die frei wurden wegen massenweiser Pleiten und Insolvenzen im Einzelhandelsbereich. Aber im Voraus konnte man gut damit argumentieren. Um die nicht nur negativen Nebenwirkungen zu unterstreichen.

So wie China per se – schon beurteilt von seiner gesamten Menschenrechtspolitik her – sicher nicht davor zurückschrecken würde – sollte man die investigativen Fragen zur Schuld zu weit treiben –, vorzubringen, dass

ja bekanntlich von Corona vor allem Ältere betroffen seien und wir so beispielsweise in Deutschland keine Rentenreform bräuchten und auf diese Weise auch keine Probleme mehr haben sollten bei der Demografie.
Aus unserer deutschen Sicht natürlich ungemein zynisch.
Aus chinesischer Sicht aber realistisch, praktisch und pragmatisch. Würden doch auf diese Weise viele der Probleme gelöst, die gerade auch in Deutschland auf dem Tisch liegen.

So fiele Herrn Xi sicher auf, dass wir ganz allgemein in Deutschland seit Jahren die Diskussion haben, dass unser Bundestag mit circa 700 Abgeordneten zu groß und zu teuer ist. Der chinesische Volkskongress hat zwar 2 987 Abgeordnete. Allerdings bei einer Einwohnerzahl von 1,4 Milliarden Menschen. Deutschland hat ungefähr 83 Millionen Einwohner. Damit haben wir prozentual das größte Parlament der Welt. Haben aber doch mit Corona das deutsche Parlament beschlussfähig gemacht, indem nur jeder Dritte darin sitzen durfte, um andere nicht anzuhusten. Wenn man das über die Krise hinaus beibehält, spart das enorme Diäten.

Zwar – so eine mögliche chinesische Argumentation weiter – hätte darüber hinaus Italien viele Tote zu beklagen. Aber in Rom konnten die Menschen seit Corona mit weniger Verkehr endlich wieder durchatmen. Die Luft in Rom roch nach Frische und nicht mehr nach Mofas. Und die Zahl der Menschen, die in Italien vor dem Ausbruch von Corona gestorben waren wegen Smog, Allergien, Lungenkrebs und Feinstaub, war auf einmal viel größer als die Zahl der Corona-Toten. Dafür müsste China – um bei dieser Denkweise zu bleiben – vor dem Internationalen Gerichtshof im Gegenteil Bonus-Zahlungen einklagen.
Es gibt nur einen Tod für jeden.
Und wenn man jetzt noch durch Ausgangssperren weniger Verkehrstote berücksichtigt in New York und Madrid und, und, und, muss man wohl auf durch Corona eine Sterberate kommen von nicht ein oder zwei Prozent, sondern von MINUS 30 Prozent.
Das hieße, durch Corona überleben
einfach mehr Menschen.

Dazu kommt:
Die bessere Luft wirkt sich gesundheitsfördernd aus und schädigt weniger Bronchien und Lungenbläschen. Das heißt, die Menschen überleben nicht nur öfter, sie leben auch länger. Ohne Asthma und so weiter. Und wenn man jetzt das Leben als solches loslöst vom einzelnen Menschen und die Jahre von Lebenszeit unabhängig von den jeweiligen Menschen als Gesamtzahl addiert, verlängert sich durch Corona die gelebte Lebenszeit der Gesellschaft insgesamt enorm.
Statt manchen, die früher sterben, werden drei-, vier-, fünfmal so viele Menschen viel, viel älter. Man dürfe – könnte Xis Argumentation sich fortsetzen – Lebenszeit nicht auf Einzelne festlegen, sondern müssen sie als Masse begreifen.

So müssten wir uns anhören,
dass die Vorzüge von Corona einfach überwiegen:
Zwei Wochen lang Corona und wenige Tage nach der Ausgangssperre war der Himmel über Wuhan schon wieder blau statt braun-gelb. Zwei Wochen lang Corona und der CO_2-Ausstoß war gefühlt der von vor 50 Jahren. Das schafften die Chinesen.
Was schafften Deutschland und die Welt?
Monatelang ließen wir unsere Kinder am Freitag selbst bei Nässe und Kälte auf der Straße. Und das Klima hatte sich immer noch nicht geändert. China sorgte mit Corona für sofortigen Klimawandel und kein Kind musste dort in der Kälte ins Freie.
In China lagen sie wohlbehütet im Bett.
Ja, im Krankenhaus.
Aber im Bett.

Und wenn Corona vorbei ist und der CO2-Ausstoß wieder auf den alten Wert steigt, muss eben Corona so lange wie möglich ›am Leben‹ gehalten werden.
Denn es zeigt sich, dass die Natur
sehr schnell überleben kann.
Allerdings ohne Menschen.

Soweit die chinesische Beweiskette.

Immer unter der Prämisse, dass China das Virus in die Welt gebracht hat. Aber man musste eingestehen, dass die Chinesen der Welt dann auch geholfen hatten. Sie gaben der Welt Wissen, Mittel, Masken und Medizin, um Corona zu bewältigen. Dazu wären sie nicht in der Lage gewesen, wenn sie vorher die Welt nicht in diese Lage gebracht hätten, dass die ihre chinesische Hilfe braucht.
Das nennt man das Münchhausenstellvertretersyndrom:
Die Mutter erstickt das Kind.
Damit sie es wieder beatmen kann
und als Retterin gefeiert wird.
Im Falle Chinas auch wieder zu unserem Vorteil:
Man lebt bewusster, je öfter man überlebt hat.
Sagt Laotse.

Vielleicht würden wir auch von uns aus besser mit dieser Lage zurechtkommen, wenn wir mehr das Positive sehen würden. Eben gerade zum Beispiel, wenn der Tübinger OB Boris Palmer sagte:

»Wir retten die, die in einem halben Jahr sowieso tot sind.«

Da hätten wir sagen müssen:
›Ja, das machen wir. Und wir machen es gerne. Auch wenn sie schon tot wären in einem Tag. Wir gehen alle an den Rand der Existenz für jeden Tag jedes einzelnen Lebens.‹
Weil die Regierung uns diese Menschlichkeit jetzt vorgibt.
Und das ist regierungsamtlich neu.
Bisher war den Regierenden
das einzelne Leben doch egal:
Wenn sie Monsanto durch die Bayer AG nach Deutschland holen, die Lebensmittel mit Pflanzenschutzmitteln vergiften und genmanipulieren. Wenn sie mit Kohlekraftwerken immer noch weiter den Himmel verdunkeln, damit Einzelne schneller in diesen Himmel kommen können. Wenn sie für Feinstaub eine Straße schließen, damit alle Verkehrsteilnehmer zehn Kilometer Umwege fahren müssen und noch mehr Luft und Lungen verpesten.

Darüber hinaus sollte man selbstverständlich – ironischerweise (!), nur falls es bisher nicht aufgefallen ist – erwarten dürfen, dass hinsichtlich der positiven Nebeneffekte auch Rudi Cerne längst eine »Aktenzeichen XY«-Sendung hätte machen können über rückläufige Kriminalität wegen Corona.

Für den Bürger zwar ausgesprochen positiv.
Aber offenbar nicht so positiv für dieses Sendeformat?

25 Rudi Cernes eventuelle »XY«-Moderation

Denn noch war Rudi Cerne nie so verzweifelt.
Aber es fehlte nicht viel:

»Und jetzt bittet die Kriminalpolizei wieder um Ihre Mithilfe.
›Aktenzeichen XY... ungelöst‹.
Live aus Europa. Mit Rudi Cerne.
Guten Abend, liebe Zuschauer.
Wir beginnen mit einer Nachricht, die es in sich hat.
Seit 1967 berichten wir in regelmäßigen Abständen im deutschen Fernsehen über Nepper, Schlepper, Bauernfänger, Mordfälle, Einbrüche, Diebe und Konsorten.

Aber das Corona-Virus verändert das ganze Land.
Geschäfte, Lokale und Theater waren geschlossen und werden nur spärlich wieder geöffnet. Ebenso Schulen und Universitäten. Kinder und Eltern sitzen zuhause und hüten Heim und Hof.
Das heißt:
Auch für Verbrecher sind es besondere Zeiten.
In vielen Bereichen macht sich die Krise in der Kriminalität bemerkbar. Langfinger haben es angesichts geschlossener oder kontrolliert besuchter Geschäfte, angesichts leerer Bahnen und Busse und verbotener Großveranstaltungen schwer. Laden- und Taschendiebstahl haben naturgemäß extrem abgenommen.
Wo kein Opfer, da kein Täter.
Auch Autodiebe haben aufgrund geschlossener Grenzen und neu ausgerufener Reisewarnungen zu leiden.
Genauso schlecht sieht es aus für Fahrraddiebe, die an S-Bahn-Stationen, vor Büros und Lokalen weniger belebte Objekte vorfinden.
Und die Zahl der Wohnungseinbrüche geht zurück, weil die Menschen zuhause sitzen. Ob Einbrecher stattdessen in leerstehende oder wenig besuchte Schulen oder Kindergärten eindringen, ist fraglich. Kinder zu klauen, stand sowieso selten auf ihrem Programm.
Dazu kommt, dass auch Parks und Clubs nachts leer oder gar geschlossen sind. Das heißt, es fehlen auch den Dealern die Kunden für Marihuana, Koks oder Liquid Ecstasy.

Mit anderen Worten:
Wir von ›Aktenzeichen XY ... ungelöst‹ müssen konstatieren:
Corona ist auch bei uns eingebrochen.

Wir stehen wie viele Einzelhändler und Gastronomen vor der Insolvenz. Die Lage ist mehr wie angespannt. Bislang konnten wir von ›Aktenzeichen XY‹ noch leben von alten Fällen.
Aber es kommt eben kein Nachschub.
Wir haben bereits Anträge gestellt beim Amt für Arbeit und beim Innenministerium auf Suche und Überstellung von Tätern –
wir nehmen auch Kleinstkriminelle.
Aber die behördlichen Mühlen mahlen, wie Sie wissen, langsam.
Deshalb die dringende Bitte an Sie, liebe Zuschauer:
Lassen Sie uns nicht im Stich!
Wir bieten einen Catering-Service.
Das heißt, wir selbst liefern Ihnen Einbrecher oder Diebe. Wir wollen natürlich nicht verzichten auf Schwerverbrecher. Aber da ist Ihre Initiative gefragt in besonderem Maße. Denn die Täter sind verschreckt. Es fehlt ihnen die Motivation.

Deswegen noch mal die eindringliche Forderung an Sie:
Gehen Sie raus. Lassen Sie Haustüre und Fenster nur angelehnt. Rufen Sie bitte nicht sofort die Polizei, wenn sich jemand in Ihrem Hause zu schaffen macht. Warten Sie, bis er über alle Berge ist. Wenn er gleich erwischt wird, haben wir nichts mehr zu melden.
Tragen Sie Schmuck provokativ und locker um Hals und Handgelenke. Gehen Sie nur mit geöffneter Handtasche und Rucksack durch die Stadt.
Und wenn Sie so keinen Erfolg haben –
zur Not bestehlen Sie sich selbst.
Wir müssen irgendetwas suchen, melden oder zu etwas aufrufen können. Wir sind am Existenzminimum.
Sonst geht es dieser Sendung wie hunderttausenden von Restaurants und kleinen Theatern – dann sind wir pleite.
Tun Sie etwas!
Täuschen Sie Ihre eigene Straftat vor.
Dann können wir wenigstens Sie suchen.«

26 Schul- und Bildungsfasten gegen Corona

Zu diesen Entwicklungen der Corona-Krise kam leider die Beschwerde, man beginne zu vernachlässigen, dass Schüler zu 80 Prozent psychische Probleme haben. Was jeder gesunde Menschenverständige schon im März 2020 hatte voraussagen können. Das hat aber dann erst ein Jahr später ein Institut mit staatlichen Mitteln teuer und mühselig diagnostiziert.

Trotzdem wurde die Schul- und Bildungspolitik in Corona-Zeiten verteidigt. Man hatte das Gefühl, es sei gerade recht, dass es künftig weniger Bildung gibt. Denn eine Corona-bedingte schulfreie Zeit und ihre Folgen hatten offenbar durchaus ihre Vorzüge.
Je weniger man weiß, umso weniger fragt man ja auch.
Es reicht nicht, dass Menschen ohne Bildung sind.
Man muss ihnen auch klarmachen, dass sie keine Ahnung haben. Je besser man das hinbekommt, umso weniger wird man mit Fragen behelligt.

Corona ist das beste Beispiel dafür.
Die Regierung hatte oft die idiotischsten Ansagen gemacht. Immer vor dem Hintergrund, dass die Leute unwissend waren:
Erst brachten die Masken nichts; die Bürger haben die Masken also weggelassen. Dann brachten die Masken eventuell etwas; die Bürger haben die Masken eventuell genommen. Und schließlich wurden die Masken zur Pflicht; und alle machten mit.
Warum?
Weil man ihnen nicht mehr sagte:
Ihr wisst nichts. Aber wir wissen alles.
Nein, nun sagte man ihnen:

Ihr wisst nichts. Aber wir wissen auch nichts.
Die Wissenschaft entwickelt sich täglich weiter.
Sagte man ihnen.
Also fragt nicht mehr. Sagte man ihnen.
Und die meisten fragten nicht mehr.

Die Frage blieb übrig, warum diese Vorgehensweise nicht auch funktioniert hatte bei der Flüchtlingskrise? Nur war man da noch nicht auf die Idee gekommen, Masken zu verordnen, die vor Flüchtlingen schützen.

Jetzt wird diese Strategie sehr lange funktionieren. Unter der Voraussetzung, dass eine gehörige Portion Angst dazu gemischt wird. Angst vor etwas, was die Leute nicht sehen, nicht schmecken, nicht hören und nicht riechen und nicht beweisen können.
Und was sie nicht zu hinterfragen in der Lage sind.
Wegen einschlägig zu geringer Bildung und Information.

Das klingt nach Katholischer Kirche im Mittelalter.
Und von der ist auch viel gelernt worden in dieser Zeit.
Damals hatten die Menschen Ablasszettel gekauft, ihr Erbe der Kirche vermacht, Hab und Gut dieser Kirche gespendet, damit der Herr nicht über sie kommt und wütet.
Heute sind sie der Regierung gehorsam, weil die ihnen sagt, sonst kommt Corona über euch.
Sonst kommen noch mehr Viren.
Wenn ihr unsere Maßnahmen nicht einhaltet.
Die Regierung bedauert gewiss, nicht schon 2015 die Angst als solche genutzt und gesagt zu haben, wenn ihr nicht aufhört, AfD zu wählen, bei Pegida mitzulatschen und Brandanschläge zu verüben, dann kommen nicht nur diese eine Million Flüchtlinge.
Dann kommt für jeden Deutschen ein Flüchtling!
Dann hätten wir die Ruhe von heute gehabt. Denn so erträgt man jede Angst und jede eigene Ahnungslosigkeit und die der Regierung noch dazu.

Das sind zwar absurde Zustände.
Aber sie garantieren die Stabilität des Staatsapparates.

Nicht, weil die Menschen sich regiert fühlen. Sie wissen ja schon lange nicht mehr, was es heißt, regiert zu werden. Denn von Anfang der Kanzlerschaft Merkel an war klar, dass die Deutschen das auch nicht wollen.
Sie wollen nur gut verwaltet sein.
Dazu bot Corona die besten Möglichkeiten.
Denn Verwalten ist das Gewohnte, das Sichere, die Verwahrung, das Versprechen, gut eingesperrt zu sein. Jetzt in der Angst vor Corona. Regieren ist immer etwas Ungewohntes, etwas Neues. Das mögen die Menschen nicht. Also haben deshalb viele nur noch eine In-etwa-Ahnung davon: So muss Regieren mal ausgesehen haben. Als Gerüst.

Das ist wie mit Skeletten von Dinosauriern.
Man ahnt den Rest, aber wiederbeleben will sie keiner, weil sie für das eigene Leben viel zu gefährlich und viel zu störend sind.
So ist das wiederum wie mit dem Regieren.
Und deswegen sparen Regierungen an der Bildung. Und die Strafe ist, dass sie jedes Mal vier Jahre sitzen bleiben – im Amt.

Was Corona-Probleme in der Praxis des Schulwesens anging, ergab sich übrigens auch der Umstand, dass der Schulbeginn 2020 in Baden-Württemberg zu einem Chaos wurde. Weil an der Schule Maske oder Abstand vorherrschten. Aber auf dem Weg zur Schule wurden die Kinder abstandslos in die Busse gepfercht wie Ölsardinen.
Man hörte, im Bus lernten sie ja auch nichts.
Aber sie können sich infizieren, widersprach man.
Es ging jedoch erst einmal um die Sicherheit an den Schulen. Schule und der Weg dahin seien zwei Paar ganz andere Stiefel. Weil man auch nicht sagen könne, dass das Fliegen unsicherer sei zur Rushhour in der Innenstadt, weil dann mehr Leute auf dem Weg zum Flugplatz durch erhöhtes Verkehrsaufkommen einen Autounfall verursachen. Und der Autounfall hat insofern mit den Ölsardinen-Schülern in den Bussen zu tun, als in der Schule die Schüler sicher sind vor Corona. In den Bussen eben nicht. Die Rede war nur von der Schule.
Das ist zwar sehr einseitig.
Aber das Leben ist einseitig.

Sonst klagen Bürger bald noch, die Schüler seien auch nicht sicher, weil sie zum Frühstück nicht ausreichend Vitamine bekommen, weil sie zu spät im Bett waren und unausgeschlafen empfänglicher sind für Viren, weil sie die Gesundheitserklärung noch haben ausfüllen müssen et cetera.

Das kam dazu:

Ohne diese Gesundheitserklärung drohte den Kindern ein Ausschluss von der Schule, obwohl ihr Kultusministerium diese Erklärung viel zu spät verschickt hatte. Deswegen musste sie dann auf einmal nicht zwangsläufig am ersten Tag vorgelegt werden, was den Sinn der Erklärung völlig torpedierte, weil Kinder ohne Formulare sich allein im Pausenhof mit Mundschutz zu befinden hatten. Und somit waren sie ja außerhalb der Schule geschützt. Und das konnte man statistisch gut aufrechnen gegen die ungeschützte Busfahrt.

Haben Sie als Leser das verstanden?

27 Interview 3 zur vagen Zukunft

Mit Jan Draeger in der »Rhein-Neckar-Zeitung« im April 2020.

JD Herr Richling, was brachte Sie zuletzt zum Lachen?

MR Das kann ich Ihnen nicht sagen. Ich führe doch nicht Buch über mein Lachen. Da würde ich den ganzen Tag nur aufschreiben. Lachen ist eine spontane Angelegenheit und hat mit Statistik nichts zu tun. Oder ist die nächste Frage, in welchem prozentualen Anteil mein Lachen von gestern zum Lachen von vorletzter Woche steht?

JD Und wo verging selbst Ihnen das Lachen?

MR Na bitte.

JD Kann man die Krise mit Humor bewältigen?

MR Ausschließlich.

JD Was vermissen Sie?

MR Ich vermisse das, was alle vermissen. Aber davon nur das Wenigste.

JD Publikum ist momentan nicht erlaubt. Vielleicht demnächst mit Mundschutz. Wäre das für Sie eine Alternative?

MR Das Publikum im Saal ist ja meistens weit genug entfernt. Also viral gibt es für mich wenig Gefahr. Aber ein Mundschutz könnte durchaus die Stimmung heben. Man traut sich eher, zu lachen und aus sich rauszugehen, wenn man sich nicht beobachtet fühlt und das Gesicht durch Mundschutz verbergen kann.

JD Wie schwierig ist es, im leeren Studio zu moderieren?

MR Was soll daran schwierig sein? Ein Nachrichtensprecher macht das den ganzen Tag. Was die Aufzeichnung einer kabarettistischen Fernsehsendung angeht, hat es durchaus Vorzüge, wenn sie ohne Publikum stattfindet. Wenn man ehrlich ist, unterbricht Publikum im Studio immer den Kontakt zwischen dem Fernsehzuschauer und mir. Ich sage etwas. Dann wird im Studio krakeelt und der Fernsehzuschauer versteht es nicht. Oder das Studiopublikum klatscht auf das, was ich sage, und der Fernsehzuschauer merkt dann erst, dass er etwas nicht gemerkt hat. Und ärgert sich saumäßig. Also Sie sehen, Publikum kann auch stören.

JD Es heißt ja Abstand halten. Da sind Sie mit Ihrer Show gut aufgestellt: Sie spielen Ihre Gäste selber. Könnte das zum Modell für andere Sendungen in Corona-Zeiten werden?

MR Auf jeden Fall. Ich habe bei »Lanz« oder »Maischberger« oftmals das Gefühl, die stellen die nächste Frage bereits, bevor der Gast die Antwort auf die vorherige Frage noch gar nicht begonnen hat. Für diese Formate habe ich längst vorgeschlagen, nur die Fragen zu stellen. Und die Gäste vielleicht noch als Statisten daneben sitzen zu lassen.

JD Darf man sich über Wissenschaftler lustig machen?

MR Ganz gewiss. Vor allem, wenn Wissenschaftler glauben, es gibt nur ihre Wissenschaft. Und vor allem, wenn sie glauben, sie haben bereits mehr Prominenz und Kompetenz als die Bundeskanzlerin. Und besonders, wenn sie glauben, man kann künftig die Regierungsgeschäfte gleich ihnen überlassen.

JD Die Opposition findet kaum statt. Fehlt Ihnen da was?

MR Ich opponiere ja.

JD Gibt es momentan Tabus? Worüber darf man keine Witze machen?

MR Ich kenne keine. Das einzige Tabu sind Gebrechen oder Katastrophen. Wohl aber ist witzfähig, wie man mit Gebrechen oder Katastrophen umgeht.

JD Wo ist das Fernsehen näher am Virus: in apokalyptischen Endzeitdramen auf Netflix, in den Talkshows im öffentlich-rechtlichen Programm oder ganz woanders?

MR Mit dieser Analyse bin ich noch nicht durch. Ich kann mir aber vorstellen, dass es keinen nennenswerten Unterschied gibt.

JD Werden die Menschen nach der Corona-Krise über dieselben Dinge lachen wie vorher?

MR Nein.

JD Wird die Corona-Krise bei Ihren Kollegen und Ihnen in der Kabarettszene etwas verändern?

MR Kabarett verändert sich dauernd. Dafür brauchen wir keine Krise.

JD Wenn alles wieder geöffnet ist – wo gehen Sie als Erstes hin?

MR In eine meiner Vorstellungen. Als Zuschauer.

JD Und jetzt zum Schluss: Können Sie uns bitte einmal zum Lachen bringen!

MR Oh, nein. Bitte. Warum denn immer ich? Bringen Sie mich doch mal zum Lachen.

2. AKT

Die Welt in Corona – Die machen alles falsch

28 Impfstoff Trump

Corona führte übrigens zu ganz neuen Allianzen.
Gab es einen Präsidenten auf der Welt, der so viel richtig gemacht hatte wie Donald Trump?
Weil er die Gesellschaft bereinigte?
Indem er das für ihn Perverse aus der Gesellschaft herausfilterte?
Und sich für klare Definitionen starkmachte?
Schwarz – weiß.
Schwarze – Weiße.
Hell – dunkel.
Tag – Nacht.
Männer – Frauen.

Was sollte da das Gesetz von Obama, dass es auch unbestimmtes Geschlecht gibt zum Beispiel? Wer unbestimmt ist, war nichts in Trumps Augen. Trans, sagte Trumps, ist zwischendrin, ist meta. Das sei nicht von dieser Welt. Diese Personen gebe es einfach nicht. Also hatte Trump bestimmt, dass denen, die es nicht gibt, von Ärzten und Versicherern die Versorgung verweigert werden konnte.

Und deswegen gab es die, die gegen ihn sind, auch nicht.
Wer Trump nicht wählte, war nichts.
Wer nicht seiner Meinung war, war im Krieg mit ihm.
Und für die hatte er eine Armee.
Wozu ging er sonst mit ›seinen‹ Soldaten raus aus Afghanistan? Und aus Deutschland auch? Irgendwas müssten seine Soldaten ja zu tun haben, damit sie nicht einrosten.

Und wo war gerade zu Trumps Zeit
mehr Krieg gegen Amerika als in Amerika?

Das hatte den Vorzug, dass Trumps Soldaten nicht entsendet oder heimgeholt werden mussten aus entlegenen Ländern. Keine Überflugrechte mussten genehmigt werden. Und Trump machte das aus Liebe zu seinem Land.
Er war ja das Land.
Er machte es aus Liebe zu sich.
Zu allen, die sich ihm verbunden fühlten und eins mit ihm waren und immer noch sind. Wie viele gehen zur Domina und lassen sich auspeitschen und empfinden Glück und Liebe dabei. Trump wollte den USA ein Gefühl geben von Liebe und Glück. Sie brauchten kein Geld auszugeben für eine Domina. Trump peitschte ihnen die Liebe schon ein.

Deshalb waren Trump und seine Demokratie-Feinde auch wichtig für das Land und die Welt, damit man endlich wieder angestachelt wurde, für Demokratie zu kämpfen.

Trump hatte Washington zu einem Hollywood gemacht mit Horrorfilmen wie ›Trump, der Barbar‹ und ›Trump der Zerstörer‹. Vier Jahre Regierungszeit hatte er zu einer täglichen Reality-Serie ausgedehnt.
Aber dadurch hatte er der Demokratie einen neuen Schub gegeben. Demokratie braucht immer auch das Gegenteil.
Plus – minus
Hell – dunkel.
Luft – Wasser.
Sonst verödet sie.

Seit der Kommunismus hinüber ist, wuchert der Kapitalismus ungehindert. Wenn jeden Tag am Tag und bei Nacht die Sonne brennt, stöhnen sogar alle Straßenköter. Aber gibt es Regen und Sturm und dauert es lange, bis der Sommer irgendwann rauskommt, ist dieselbe Sonne ein Hochgenuss.
Die Demokratie kläppert vor sich hin. Hier wie da. Die AfD hat Erfolg bei uns, das Rechte blüht auf, Nazis werden reanimiert. Aber erst seit sie gewalttätig den Reichstag stürmten, besinnt man sich wieder auf den Sonnenschein Demokratie.

Trump feierte vier Jahre fröhliche Urständ. Aber erst als das Mobiliar der Demokratie im Kapitol gestürmt wurde und Leute starben, besinnt man sich und fängt neu an.

Um die Demokratie zu schützen,
muss man vorher durch den Dreck der Vernichtung waten.

Wir Deutsche hätten 1949 nie eine Demokratie erhalten, wenn wir nicht vorher im Dreck der Vernichtung durch die Nazis gelandet gewesen wären.

Um zur Demokratie zu gelangen,
darf man keine andere Chance haben
als die Demokratie.
Das Problem ist nur,
dass die Demokratie zu viele Chancen bietet,
sich selbst zu vernichten.

Die halbe USA ist fremdgegangen mit dem Grundrechtebrecher Trump, weil sie sich nicht mehr beachtet gefühlt haben in der Ehe mit der Demokratie. Aber als er das Kapitol hat erstürmen lassen, haben viele gemerkt, dass ihre menschenrechtliche Lebensgrundlage beerdigt wurde. Und diesen Endpunkt musste man nutzen.

Wo und wann gibt es denn die größten Lobreden, die begeistertsten Bekundungen, die besten Treueschwüre?
Wenn man am offenen Grab steht!
Teile der Demokratie müssen immer erst beerdigt werden, damit man sich alle Mühe gibt, den Rest wiederzubeleben. Und Lobreden auf sie zu schwingen.
In diesem Sinne kann man schon noch hoffen, dass ein Trump oder der Trump funktioniert wie eine Impfung.
Ein Impfstoff enthält abgeschwächte Erreger der Krankheit, die beim Impfling Antikörper auslösen sollen, die ihn vor der Krankheit schützen, wenn sie kommt. Also könnte Trump durchaus die Impfung sein, damit die Amerikaner genügend Antikörper ausbilden gegen Diktatur, Herrschaftswahn und Hasstiraden.
Nur führt leider oftmals ein Impfstoff

auch zu schweren Krankheitssymptomen.
Und Nebenwirkungen.
Da muss man sich manches Mal vier Jahre lang ununterbrochen impfen lassen. Vor Freiheit, Grundrechten und Demokratie haben die Götter eben Hass, Gewalt und Untergang gesetzt.

Leider hat der Impfstoff Trump die Amerikaner noch nicht völlig immun gemacht. 20 000 Nationalgardisten waren bekanntlich im Januar 2021 bewaffnet nach Washington beordert worden zur Inauguration von US-Präsident Biden. Viermal so viele US-Truppen, wie in Afghanistan und Irak zusammen stationiert gewesen sind.
Sehr friedlich und demokratisch hat das nicht ausgesehen.
Aber wenigstens haben die USA damit die Hochform der humanen Kriegsführung erreicht:
Statt andere Völker zu vernichten,
bekämpften sie sich jetzt selbst.

29 Donald Trumps vorstellbare Rede

In diesem Sinn hielt dieser ehemalige US-Präsident Donald Trump kurz vor seinem Amtsende folgende Rede.
Allerdings mit anderen Redewendungen.
Und anderen Verbal-Injurien.
Da sein Großvater bekanntlich aus der Pfalz in Deutschland kam und Deutsch also Trumps ursprüngliche Muttersprache respektive Großmuttersprache ist, kann man annehmen, dass er in gebrochenem Deutsch sprach. Wie sein gesamtes Verhältnis zu seinem Land, zu Deutschland, zur Politik und zur Demokratie gebrochen ist:

»So, ich habe die Corona-Krise nicht kleingeredet.
Ich habe sie nur nicht großgemacht.
Das ist ein Unterschied.
Weil ich bin der Einzige, der macht eine great job, weil ich bin der Einzige, der kennt die Menschen. Und der kennt die Relationen. Diese Welt ist außer die Relation gekommen. Ohne Bezug zu die Natur. Die rettet sich immer selbst.

Zum Beispiel in die Mittelalter, da auf einmal von die Jahre 900 bis 1300 in Europa die Bevölkerung hat sich vervierfacht. Aber gleichzeitig um die Jahr 1300 war 20 Jahre lang der Weizen knapp. Und dann zwei Jahre in Europa gab es große Hungerjahre 1315 bis 1317. Und noch mal 1346 bis 1347. Da hat die Natur gesagt, für so wenig Essen, da gibt es zu viele Menschen. So von 1346 bis 1353 hat gegeben die Natur dem Menschen die Pest. Und auf einmal war wieder fast zu wenig Menschen für genug Essen:
25 Millionen Europäer von 75 Millionen waren tot.

8 MINUT
46 SE
OHN´S CHUR
ARISH HOUSE
UNDAY SERVIC
ONLINE
WELCO

So, jetzt haben wir Gegenwart mit CO2, Tornados und Klima. Der Mensch ist daran schuld, sagt man, weil es gibt zu viel Mensch. 7,8 Milliarden Menschen. Das ist nicht mehr natürliche Auslese. Das ist zu viel. Das schafft kein Klima.
So die Natur sagt,
ich gebe Corona zu retten die Natur vor den Menschen.
Damit ein nur ein paar Menschen als Gattung überleben können.
Und was macht der Mensch?
Er kämpft gegen Natur und Corona. Damit alle überleben und aber die ganze Welt mit und an seine Klima stirbt.
Die Eindämmung von Corona heißt nur,
dass der Mensch zugrunde geht an Klima.
Weil ein paar nicht verrecken wollen an Corona.
Das wollte ich den Menschen sagen.
Weil ich kenne die Psyche der Menschen.

Und by the way:
Ich habe Corona besiegt. Ich hatte es und es ist weg.

Ich weiß, man hat mir gesagt, es gibt in USA viel hunderttausend Tote.
Meine Frage dazu ist: Warum?
Weil sie nicht an mich geglaubt haben! Weil sie haben die Demokraten-Partei gewählt. Weil Corona ist reine Psychologie. Sie glauben, es gibt Corona, also bekommen sie es.
Ich habe es nicht geglaubt, also habe ich es kaum gehabt.
Corona ist nur Psyche der Menschen.«

30 Der Wahrheitsgehalt der Lüge

Nun ist ja dieser Donald Trump
offenbar endgültig gelockdownt für die USA.
Allerdings nur um Haaresbreite.
74 Millionen Amerikaner wollten ihn bei der Wahl im November 2020 immer noch. 74 Millionen Amerikaner gaben ihm immer noch fanatisch Recht, wenn er sagte:
Klima sei nur rausgeschmissenes Geld.
Wieso sollte man weniger Kohlebergbau machen, sagte er, um weniger warmes Wetter zu haben, sagte er. Die Bergarbeiter kriegen die Erderwärmung überhaupt nicht mit. Die arbeiteten ja tief unten in der Erde, sagte er.

74 Millionen gaben ihm immer noch fanatisch Recht,
wenn er sagte:
Die Abneigung der Weißen gegenüber Schwarzen ist reine Genetik. Die Schwarzen seien in die USA gekommen vor 200 bis 300 Jahren und haben den Weißen die besten Arbeitsplätze weggenommen und die besten Löhne auf Baumwollfeldern und Orangenplantagen erhalten und die sichersten Jobs als Straßenkehrer, Müllmänner und Taxifahrer.

74 Millionen Amerikaner gaben ihm Recht, wenn er sagte, Corona sei harmlos. Er habe es nämlich überlebt und er sei immerhin ein Risiko für USA mit über 70 Jahren. Mental schwer angegriffen und geistig vorbelastet. Da könne es nicht anders sein, als dass Hunderttausende den Corona-Tod in USA nur simulieren, um ihm, Donald Trump, zu schaden.

Das alles glauben 74 Millionen Trump-Wähler immer noch. Und damit sind sie vielleicht viel ehrlichere Wähler.

Denn der Mensch will bekanntlich angelogen werden. Weil es uns das Gefühl gibt, dass man uns ernst nimmt. Wir fühlen uns gut, dass jemand sich die Mühe macht, uns etwas vorzugaukeln, indem er uns anlügt.

Denn das meiste wird doch nur
zu unserem Glück verheimlicht:

Trump sagte, Corona sei völlig ungefährlich. Also leben die Menschen in Amerika, die ihm glauben, damit in aller Ruhe. Sie sterben auch davon, gut, aber in aller Ruhe. Völlig unaufgeregt. Ohne Massenhysterie, dass es etwas Schlimmes sein könnte.

Die Lügen haben ihren Glauben an den Staat verfestigt.

31 Elon Musks ungeäußerte Illusionen

In diese Theorie fügen sich nahtlos Unterstellungen gegenüber jemandem, der die Welt nicht umstürzt mit Theorien, sondern mit Praxis.
Oder könnte Tesla-Chef Elon Musk
nicht dieser Meinung sein?

»MR Elon Musk, Sie gelten ja auch als großer Kritiker der Corona-Maßnahmen. Hat das etwas zu tun mit Ihrem Bedürfnis, auszuwandern auf den Mars?

EM Tatsache ist doch, dass auch die Regierungen inzwischen erkannt haben, 7,8 Milliarden Menschen hält keine Erde aus: CO_2, Feinstaub, verplastikte Meere, das alles kriegt man nur in den Griff mit weniger Menschen.
Die Erde reicht nicht für 7,8 Milliarden. Also wehrt sie sich mit Corona. Nur ist das Mittel Corona nicht so effektvoll. Mit einer generellen Sterbequote von um die ein Prozent. Deswegen versucht die Politik verzweifelt, naturgerecht diese Quote zu erhöhen mit Lockdowns und Schikanen und Ermordung der Wirtschaft.

MR Das können wir hier wirklich nicht so stehen lassen. Und das widerspricht auch völlig den Grundsätzen von Politik und Ethik.

EM Beides, Politik und Ethik, sind per se unvereinbar. Sie haben nichts miteinander zu tun. Und werden auch in den seltensten Fällen zusammen praktiziert.

ACEX

Im Gegenteil:
Diese Corona-Maßnahmen treffen vor allem Arme im eigenen Land und in der Dritten Welt, so diese mit der Herstellung von Gütern wie Lebensmitteln und Kleidung davon abhängig sind. Das heißt, damit wird die Maßnahmenpolitik im Kern ihrer Intention von Grund auf faschistisch.

MR Das haben Sie ja schon in anderen Interviews live geäußert.

EM Und die Reaktion der Politik auf Corona mit irren Maßregeln wird ohnedies faschistisch. Danach muss man annehmen, Corona ist so gefährlich, dass wir sowieso alle tot sind in Kürze. Auf dieser Erde werden wir nicht mehr Mensch. Das Ende des Menschseins hier ist wirklich erreicht. Diese Erde können wir jetzt vollends aufbrauchen.

MR Das ist ja eine Endzeitstimmung.

EM Es geht doch nicht mehr um Corona. Corona ist nur noch Hilfsmittel, um die Menschen zu dominieren. Schikane macht Spaß. Herr Lauterbach würde den Deutschen viel ersparen, wenn er sich als Domina einschlägig in einem Studio betätigen würde. Die wahre Gefahr ist auch Ihre Regierung in Deutschland.

MR Aber der geht es doch darum, die Menschen zu schützen.

EM Da muss man aber mal fragen, was ist der Mensch überhaupt? Und da fängt man am besten an zu fragen, was ist der Mensch nicht? Er ist nichts ohne Ballermann, ohne Fast Food, ohne Konsum, ohne Freizeit und ohne Alkohol. Für all das würde er gerne zehn Mal an Corona erkranken, damit er nur bleiben kann bei seinen Vorlieben. Aber das streicht man ihm alles. Wir brauchen andere Lebensräume, denn mit dieser Corona-Politik wird die Erde ohnehin geschlossen. Corona wird nicht weggehen. Es werden neue Viren kommen. Da kann der Mensch nur überleben, wenn er sich zuhause einschließt, wenn er nichts mehr isst und wenn ihm gegebenenfalls Isolationshaft angeordnet wird.

MR Darauf arbeitet die Regierung ja hin.

EM Das ist das Einzige, was auch die deutsche Regierung perfekt hinbekommt: Freiheitsbeschränkungen. Bei der Virus- und Impfbewältigung sind sie Idioten. Dann soll man sie es aber auch nicht machen lassen. Sebastian Vettel lässt auch nicht seine Putzfrau die Rennen fahren. Die Regierung tut Dinge, die sie nicht kann

Erlöst sie.

Lasst sie tun, was sie können:

Zäune bauen, Menschenrechtsbeschränkungen aushecken für diktatorische Regime oder Gefängnisse planen. Aber lasst sie um Himmels willen nicht bestimmen über Gesundheit und Grundrechte. Ähnliches ist schon schiefgegangen beim Berliner Flughafen, wo nur Politiker das Sagen hatten statt Fachleuten. Soll Corona auch Jahrzehnte dauern? Was hier abläuft, hat die Qualität der späten Sowjetunion oder des Endregimes von Ceaucescu in Rumänien.

Der Staat bestimmt, mit wem ich an Ostern Kaffee trinke?

Der Staat ist verrückt geworden.

Der Staat gehört in psychiatrische Behandlung.

Oder in eine Fusion mit Nordkorea.

Deswegen sage ich: Auf zum Mars!«

3. AKT

Die Welt in Corona – Kreative Rede ersetzt kreative Pläne

32 Interview 4 zu Fragen nach Fragen

Mit Michael Pohl in der »Augsburger Allgemeinen« am 11.03.2021.

PM Als CSU regiertes Bayern würde uns interessieren, wie ist das, seit zehn Jahren von den Grünen regiert zu werden? Merken Sie als Bürger in Baden-Württemberg einen grundsätzlichen Unterschied zu all den Jahren CDU geführter Landesregierungen? Haben die Grünen das Land verändert oder das Regieren die Grünen?

MR Ja, durchaus beides. Zuerst hatte sich allerdings das Land verändert. Respektive, dieses Land war mit seiner Geduld am Ende. Und Lug und Betrug des letzten christdemokratischen Ministerpräsidenten – dessen Name uns gerne nicht mehr einfallen will – waren einfach in unverschämter Weise nicht mehr versteckt genug praktiziert worden, als dass wir hätten darüber hinwegsehen können. Als dann die Grünen vor zehn Jahren die Macht übernahmen, haben sie sich sehr wohl darum bemüht, das Land zu verändern. Aber die Schwaben wären nicht die Schwaben, wenn wir diese zehn Jahre nicht genutzt hätten, den Spieß umzudrehen. Und jetzt können wir sagen: WIR haben die Grünen verändert.
Was diese Veränderung praktisch bedeutet, vergleichen Sie bitte mit der überübernächsten Antwort!

PM Historisch betrachtet scheinen die Badener und die Württemberger gern zur Renitenz zu neigen: von der Märzrevolution 1848 über die am Kaiserstuhl geborene Anti-Atom-Bewegung in den Siebzigern bis in die der Gegenwart, wenn man Stuttgart 21 oder jüngst die in Stuttgart groß gewordene Querdenker-Bewegung sieht. Passt es da folgerichtig zur Mentalität, wenn man sich die aus der Protestbewegung stammenden Grünen als Regierende in die Rathäuser und Staatskanzlei setzt?

MR Es ist für uns sogar eine logische Konsequenz. Wenn eine Regierungsübernahme oder Regierungsbeteiligung nicht Ziel einer Opposition oder einer Protestbewegung wäre, so wäre sie nichts weiter als l'art pour l'art, als Protest um des Protestes wegen. Sie wäre ja nichts weiter als eine Selbstbefriedigung. Meistens ist das in der Geschichte leider auch so. Nur bei uns Schwaben nicht.

PM Ist ein gewisses Wutbürger-Gen im Südwesten eher verbreitet? Winfried Kretschmann hatte neulich mit einem Fernsehauftritt für Furore gesorgt, als er sich bei Markus Lanz beim Thema Lockdown-Schulöffnungen in Rage geredet hatte. Stiehlt er Ihnen als Parodisten mit solchen Auftritten die Schau?

MR Die Show stiehlt er mir ganz gewiss nicht. Im Gegenteil. Ich bin sehr froh, wenn er in anderen Sendungen oder öffentlich mich parodiert, wie ich ihn parodiere.

PM Sie schlüpfen seit einem Jahrzehnt parodierend in Ihren SWR-Fernsehshows in die Haut von Herrn Kretschmann. Wie sehr haben Sie Ihr Alter Ego dabei kennengelernt und welche Erkenntnisse über seinen Erfolg als Politiker ziehen Sie daraus?

MR Erstens sehr. Und zweitens ziehe ich daraus – in Ergänzung zur Antwort vorhin – die Erkenntnis, dass politischer Erfolg oder Macht, oder wie immer Sie es nennen mögen, selbst in diesem Fall zu erschreckenden Verkehrungen führt. Die ursprüngliche Bürgernähe von Winfried Kretschmann war legendär. Auch sein stetes Bemühen um das Deutlichmachen komplexer Inhalte mit einleuchtenden Beispielen war legendär. Ich habe immer gesagt, dass Winfried Kretschmann die große Begabung hat, selbst das plausibel und einleuchtend erklären zu können, was er falsch machen muss. Auch wenn die Volksseele kocht.

(Ergänzende Anmerkung vom Autor:) Allerdings wandelt sich diese Souveränität gerade in eine bedenkliche Richtung, wenn an dieser Stelle hinzuweisen ist auf das Thema ›Denunziation‹ in Kapitel 40. Und wenn hinzuweisen ist auf Winfried Kretschmanns Einsatz für ein so in der Öffentlichkeit verstandenes »Pandemie-Regime«, indem er in einem Interview mit »Stuttgarter Zeitung« und »Stuttgarter Nachrichten« am 30.6.2021 angedacht hatte, harte Eingriffe in Freiheiten dem Staat zu gestatten, um mit Pandemien schneller fertig zu werden. Dafür zog er auch eine Änderung des Grundgesetzes in Betracht. »Wenn wir frühzeitige Maßnahmen gegen die Pandemie ergreifen können, die sehr hart und womöglich zu diesem Zeitpunkt **nicht verhältnismäßig** gegenüber den Bürgern sind, dann könnten wir eine Pandemie schnell in die Knie zwingen«, sagte Kretschmann in jenem Gespräch. Ungeachtet der grundlegenden Tatsache, dass »im Rechtsstaat immer der Grundsatz der Verhältnismäßigkeit gilt – und zwar immer und ohne Einschränkung«. Wie er selbst ein oder zwei Tage danach reumütig einräumte. Aber da war der fatale Eindruck bereits nicht mehr aus der Welt zu schaffen.

PM Wenn man Ihre Kabarettprogramme über die Jahrzehnte verfolgt, gewinnt man ein bisschen den Eindruck, Ihre Nummern sind oft böser geworden. Werden Sie eher wütender als altersmilde? Und liegt das an Ihnen oder an der Politik?

MR Wütender. Auf jeden Fall wütender. Und es liegt natürlich an der Politik. Und daran, zu sehen, wie wenig aus – manchmal auch notwendigen – Fehlern gelernt wird. Wie dreist man immer noch ist, oder wie dreister man wird, obwohl jeder weiß, wie durchschaubar auch Politiker und Politik allein durch Internet und Social Media geworden sind. Es reicht das aktuelle Beispiel von der Gier bei den Maskenbestellungen.

PM Macht der reale Wahnsinn, der nach den Donald-Trump-Jahren die Welt nun mit der Corona-Pandemie und ihren Auswüchsen im Griff hält, den Kabarettisten das Leben schwer, weil sich vieles kaum noch überzeichnen lässt?

MR Nein, natürlich nicht. Zumal die Auswüchse ja oft auch erst wahrgenommen werden, wenn sie wörtlich zitiert, aber in einen erhellenden Zusammenhang gestellt werden. Manchmal reicht es sogar ohne den erhellenden Zusammenhang.

PM Wie erleben Sie all die Monate Lockdown und faktischen Auftrittsverbots? Hat die Politik Kunst und Kultur trotz Versprechen im Stich gelassen?

MR Selbstverständlich. Das fängt schon damit an, dass mein Ministerpräsident Kretschmann neulich auf die Frage nach Theater- und Konzertverboten sagte, man müsse jetzt eben mal auf »Freizeitbeschäftigungen« verzichten. Kunst und Kultur sind also eine Freizeitbeschäftigung??? Das haben alle Operndirektoren, Schauspieler, Sänger, Tänzer, Choreographen, Kabarettisten et cetera zu Recht schon als beleidigende Herabsetzung empfunden.
Dazu kommt, dass in der Reihenfolge der Erwähnten, wenn es um Lockerungen oder Erleichterungen geht, die Theater und Konzertveranstalter die Letzten sind.

PM Wann hoffen Sie wieder Bühnenbretter vor Publikum unter den Füßen zu haben?

MR Fragen Sie Frau Merkel. Aber erwarten Sie keine Antwort.

33 Markus Söders nie gesagte Antworten

Und erwarten Sie auch keine Antwort, wenn unter Umständen CSU-Chef und Ministerpräsident Markus Söder dieses Interview im Frühjahr 2021 gegeben hätte?

»MR Herr Söder, Sie sind ja in Bayern mit Corona offenbar am stärksten betroffen. Sind deswegen Ihre Maßnahmen auch am stärksten in der Kritik?

MS Ich wollte mich an dieser Stelle erst einmal herzlich bedanken für das eindeutige Votum und die Wahl zum Bundeskanzler der BRD beim CDU-Parteitag im Januar 2021.

MR Moment, Moment, Moment. Auf dem CDU-Parteitag wurde ja nur der Parteivorsitzende gewählt und nicht der Bundeskanzler.

MS Das ist ja das Gleiche.

MR Das ist nicht das Gleiche. Und zum Parteivorsitzenden wurde außerdem Armin Laschet gewählt.

MS Das genau ist ja das Gleiche. Das ist meine Wahl zum Bundeskanzler der Bundesrepublik Deutschland.

MR Wieso?

MS Weil der Armin Laschet diese feine, charakteristische, angeborene Fadheit mit sich bringt, die geradezu danach schreit, dass als Gegenpol im Kanzleramt Energie, Konstruktivität und Kreativität gesetzt werden müssen. Und die hat nur einen Namen. Meinen.

MR Aber …

MS Schauen Sie, ich addiere nur die objektiven Informationen, die ich habe. In allen Umfragen, wer Bundeskanzler sein soll, stehe ich mit 54 Prozent weit vor Laschet. Der kommt nur auf 28 Prozent. Und der Jens Spahn hat 32 Prozent.
Und Merz oder Röttgen haben genau das Gleiche. Das heißt, eine klare Mehrheit der Deutschen hält keinen CDU-Kandidaten für kanzlertauglich. Für kanzlertauglich halten sie wohl aber einen von der CSU.

MR Wie erklären Sie sich denn jetzt Ihren Erfolg bei den Deutschen?

MS Da will ich in aller Bescheidenheit sagen: Weil ich bei dem Thema, was die Deutschen seit einem Jahr am massivsten beschäftigt, bei Corona, einfach alles saumäßig richtig gemacht habe.

MR Es gibt doch harte Kritik an Ihnen wegen der FFP2-Maskenpflicht, wegen Ihrer Impfpolitik und so weiter.

MS Aber in der Angst vor Corona nehmen die Menschen das ja gar nicht mehr wahr. In der Masse. Angst ist grade der wichtigste Faktor, um ungefragt Politik durchsetzen zu können.

MR Und die bedienen Sie?

MS Zum Schutz der Menschen. Deswegen würde sich Deutschland gerne hinter mir als Bundeskanzler versammeln. Ich bin praktisch der Krisenmanager der Deutschen geworden in einer Zeit, in der Corona wie eine Sturmflut über Deutschland hereinbrach. Vergleichbar mit der Sturmflut von 1962, die den Ruhm von Helmut Schmidt begründet hat als Krisenmanager. Und im Grunde der Grund war für seine Kanzlerschaft in späteren Jahren. Ich bin der Helmut Schmidt der Corona-Springflut. Und wäre damit auch der legitime Nachfolger von Helmut Schmidt.

MR Ist das nicht überheblich?

MS Sie haben vollkommen recht. Man muss in aller Bescheidenheit zugestehen, dass das alles ohne Corona nicht so aussehen würde für mich. Das war ja die Krux von Helmut Schmidt. Helmut Kohl wurde die Einheit in den Schoß gespielt. Brandt die Öffnung zum Osten. Schmidt musste den Terror bekämpfen und konnte nichts Großes mehr leisten wie zum Beispiel die Springflut von 1962. Corona gibt mir die Chance, Großes zu leisten. Ich stehe und falle mit Corona.

MR Und deswegen?

MS Und deswegen muss man aufpassen: Die Bundestagswahl ist im September. Wenn Corona im Sommer jetzt plötzlich erledigt wäre, und ich niemanden mehr retten könnte, keine Angst mehr machen kann, keinem mehr Schutz bieten kann, dann wird es insgesamt auch in Bayern eng für mich.
Dann wäre ich erledigt.

Deswegen müssen wir alles tun, Corona zu bewahren bis nach der Bundestagswahl, damit die Wähler mich noch als ihren Retter wahrnehmen können.
Denn sind wir ehrlich:
Nur wer kurz vor dem Ertrinken aus dem Wasser gezogen wird, überschüttet die Seenotrettung mit ewigem Dank. Die anderen kennen die Retter gar nicht. Wenn ich weiter etwas für die Menschen tun soll und ihren Dank erwarten soll, muss ich sie retten können.
Und dafür brauch ich Notfälle.
Dafür brauche ich Corona.

MR Meinen Sie, Corona hält sich so lange?

MS Das hat ja der Herr Wieler vom Robert Koch-Institut gesagt: Wir sind zuversichtlich, dass wir im Lauf des neuen Jahrzehnts das Virus in den Griff bekommen. Das tun wir aber nur, wenn wir weiter Mobilität drastisch einschränken. Es muss da entweder Strafen geben oder Liegegipse für die Unterleiber von notorisch Bewegungsbedürftigen.
Wir dürfen nirgendwo mehr Viren zulassen.
Keine Viren und keine Bakterien.
Ich weiß: Auf jeder Klobrille sind Bakterien.
Also: Vermeiden Sie den Klogang.
Ich weiß:
In jedem Kühlschrank gibt es mehr Bakterien
wie auf jeder Klobrille.
Also: Öffnen Sie keine Kühlschränke mehr.

MR Trotzdem bleibt die Kritik an Ihnen, dass Sie zum Beispiel die FFP2-Masken in öffentlichen Verkehrsmitteln als Erster damals rigoros eingeführt hatten.

MS Das war ja auch gut so.

MR Aber ohne die Leute zu informieren. Und Wissenschaftler sagen, das war purer Aktionismus.

MS Den Aktionismus brauchen wir immer, weil es zu viele Unbekanntheiten gibt bei Corona.

MR Man sagt, FFP2-Masken gehören in medizinische Berufe. Sie sind belastend und bringen haufenweise Risiken.

MS Die sie tragen sollen, sind ja gar nicht in medizinischen Berufen tätig.

MR Das Arbeitsschutzgesetz schreibt vor, FFP2-Masken nur zwei Stunden zu verwenden und dann eine lange Pause zu machen.

MS Die sie tragen sollen, arbeiten ja dann nicht.

MR Trotzdem droht bei zu langem Tragen alles Mögliche. Angina pectoris, chronisch obstruktive Lungenerkrankung und Hyperkapnie.

MS Da wissen viele ja gar nicht, was das ist. Da besteht dann keine Gefahr.

MR Das ist erhöhter Kohlenstoffdioxidgehalt im Blut.

MS Und was bringt das?

MR Bei einem Anteil von 20 Prozent droht eine tödliche Kohlendioxidvergiftung.

MS Also, wie bei einem Brand. Das weiß ja jeder, dass man damit einfach einschläft und gar nichts merkt. Das heißt, mit FFP2 erspare ich den Menschen sogar das qualvolle Ersticken durch eine Corona-Lunge mit dem Angebot leichten Dahingehens.

MR Die Sterberate bei Corona liegt nach RKI bei etwa 1 Prozent. Bei CO_2-Vergiftung bei 100 Prozent.

MS Aber das senkt, das darf man nicht vergessen, die Corona-Statistik. Und das ist das, was wir brauchen.
Die täglichen Wasserstandsmeldungen über Corona schrecken die Leute. Aber das Gute ist, seither hört man halt nichts mehr von Feinstaub-Toten, von AIDS-Toten, Krebs-Toten oder Herz-Toten.
Deswegen können die ungeniert weiter sterben.
Weil alle Augen fokussiert sind auf Corona, müssen wir jetzt grad nur die Corona-Toten-Zahlen senken.
Auch um den Preis von mehr CO2-Toten durch FFP2.
Es geht nicht um Tod und Leben.

Es geht um reine Informationspolitik.
Sie müssen sich das vorstellen entsprechend der Meldung über Hai-Tote. Kaum kommt da was, ist die Presse voll von Hai-Alarm. Man hat nur noch Panik vor Haien. Obwohl es im Jahr nur zehn Hai-Tote gibt. Aber 1 000 Krokodil-Tote. Von denen hört man nichts. Reine Informations-Politik. Der Hai macht das Rennen.
Corona macht jetzt grad das Rennen.
Obwohl es viel mehr andere Tote gibt.
Also müssen wir den Menschen die Panik davor nehmen.
Und wenn es nur dadurch geht, dass man ihnen Zugang verschafft zu anderen Todesarten. Sonst noch was?

MR Ihnen wurde auch Versagen vorgeworfen bei der Corona-Impfstofflieferung.

MS Was war da los?

MR Sie haben angekündigt, die lokalen Impfzentren jeden Dienstag und Freitag mit Impfstoff zu beliefern und nichts war's. Es geschah nur sporadisch.

MS Die Ankündigung ist doch viel wichtiger wie das Impfen. Das hat zu tun mit Psychologie. Wenn ich mich elend fühle mit Fieber und Schnupfen, denk ich jedes Mal, mein letztes Stündlein hat geschlagen. Dann unterhält sich der Arzt mit mir, schreibt mir was auf. Da geht es mir schon besser, bevor ich das genommen hab. Das ist der Placebo-Effekt. Es wirkt auch, wenn es nichts bringt. Deswegen wirken meine Ankündigungen vielleicht am Ende mehr wie der reale Impfstoff.«

Nun ist es ja so, dass seit Jahrzehnten die deutsche Politik in Auseinandersetzungen und Debatten nicht mehr vorwiegend im dafür vorgesehenen Bundestag stattfindet. Sondern in den täglichen Talkshows von »Illner« bis hin zu »Lanz«. Natürlich, weil dort die Einschaltquote höher ist.
Weil dort mehr Popularität zu erzielen ist. Und weil dort der Wähler offensiver, schneller, direkter und polemischer erreicht werden kann. So stellt sich die Frage, ob eventuell nicht auch die Praxis von Entscheidun-

gen weg vom Bundestag und mehr hinüber ins Privatwirtschaftliche transferiert werden sollte. Um gewisse Dinge, wie zum Beispiel das Impfen der Bürger, besser, schneller, direkter und polemischer unterbringen zu können. Es könnte dann allerdings auch einfach nur schrille Varianten solcher Irreleitung geben.

34 Judith Williams nicht veröffentlichte Ideen

Denn die Unternehmerin Judith Williams möchte in dieser Hinsicht sicher nicht missverstanden werden, wenn sie in innovativer Absicht Folgendes nicht gesagt hat:

»Liebe, ganz liebe Zuschauer!
Wir werden jetzt gerade jeden Tag belästigt mit Corona und dem Kampf dagegen. Und es geht und geht nicht vorwärts. Dann kommen Lockdowns, dann kommen Mutationen, dann kommt das Impfen –
und dann merkst Du:
Das Impfen hängt mit Corona
auf irgendeine wundersame Weise zusammen.

Und da dreht sich plötzlich alles im Kreis.
Die Politiker – von Herrn Spahn bis Frau Merkel und wie sie alle heißen – haben ja die Impfkampagne total verstolpert.
Und da müssen wir als Unternehmer mal eingreifen.
Wir müssen die Politik selbst in die Hand nehmen.
Vor allem, weil es noch keinen Impfstoff gibt für die Regierung. Gegen Unfähigkeit. Das ganze Impfen und das ganze Corona muss man den Leuten doch ganz anders verkaufen.

Zumal viele noch ein ›Aber‹ gegen das Impfen haben.
Was auch logisch ist.

Impfen ist für viele verbunden mit Medizin, mit Arzt, mit Krankenhaus. Da will keiner hin. Da graust's vielen. Das macht Angst. Also brauchen wir eine Idee, wie man den Leuten den Impfstoff schmackhaft machen kann.
Und das geht natürlich nicht mit Zwang.
Das geht nur mit Angebot und Nachfrage.
Im Home-Shopping zum Beispiel.
Wenn auf der Tafel an der Seite die Zahl der verfügbaren Waren immer weiter runtergeht. Das stachelt an. Das geilt auf. Da will jeder noch was haben. Das macht süchtig.

Aber es muss gut verpackt sein mit einem Komplementär-Produkt. Und da ist mir tatsächlich die Idee gekommen, weil ich einfach eine Emotion dafür habe, und dann setzt sich bei mir sofort die Motion in Bewegung, denn aufgepasst:
TikTokerinnen haben gezeigt, wie der Corona-Impfstoff zu tollen geschwollenen Lippen führt und zu rosigen, kräftigen Wangen, wenn Sie sich vorher haben Botox spritzen lassen.
Oder Hyaluron-Auffüller.
Das heißt, bei der richtigen Dosis braucht man, wenn man sich impfen lässt, viel weniger Botox! Das ist wahnsinnig gut für die Gesundheit. Denn Botox ist ja das reine Gift. Und damit im Grund schädlich für die Gesundheit.
Leider gibt es noch keine Meldung
über die Korrelation von Impfen und Viagra.
Das wäre noch was.
Ich glaub, die Männer wissen, wovon ich spreche.

Aber was man da an Medikamenten einsparen kann,
das ist der Wahnsinn.
Ich werde den Corona-Impfstoff einarbeiten in meine Kosmetikprodukte. Gepaart mit weniger Vergiftung durch weniger Botox kriegen Sie eine superglatte Haut und die Falten sind weg. Durch Corona im weitesten Sinne sehen Sie am Ende aus wie ein Babyhintern nach der Pfirsichernte.

Und dann haben wir nämlich den Verkaufstrick, dass man den Leuten einimpft, Impfen macht schöner und faltenloser. Also altersloser. Ich vermute,

wenn Corona längst vorbei ist, werden die Leute mir noch die Hütte einrennen für den Impfstoff, weil sie nicht vergessen haben, wie gut sie durch Corona aussehen.
Der Impfstoff wird der Hit auf dem Kosmetikmarkt.
Damit können Sie nicht nur dem Virus,
sondern auch dem Alter die glatte Stirn bieten.
Es ist praktisch eine Hautcreme für unter die Haut.
Wir müssen Corona aus dem Medizinischen herauslösen. Da ist es einfach zu festgefahren. Wir müssen klarmachen, dass Corona und als Konsequenz das Impfen eine Super-Chance ist für ein erfrischendes, gesundes Aussehen.
Damit wir das Wort ›Impfpflicht‹ überwinden.
Wovor sich viele grausen. Gesundheitlich natürlich.
Aber auch demokratisch.
Man will ja selbst entscheiden.
Und nicht gezwungen werden zu seinem Glück.
Da ist ›Impfpflicht‹ für den freiheitlichen Menschen furchtbar, wenn er dauernd in den Diskussionen hört, dass es ja so viele gebe, die Angst davor haben und die gleich gleichgesetzt werden mit potenziellen Mördern.
Wer sich nicht impfen lässt, heißt es dann,
rottet die Menschheit aus.
Und das wäre versuchter Massenmord.
Jeder Impfgegner sieht sich schon in einem neuen Nürnberger Prozess gleichgesetzt mit dem Rassenwahn der Nazis und zu lebenslänglichem Gefängnis verurteilt. Denn wer nicht impft, kriegt eingeimpft, er gefährde die Rasse Mensch. Nach altem Jargon. Denn der Mensch ist ja gar keine Rasse. Oder beim Menschen gibt es keine Rassen. Wie auch immer.
Wir haben schon mal die Diskussion gehabt in den Achtzigern, wo eine kleine Gruppe gesagt hat, jeder Soldat sei ein potenzieller Mörder. Da wurde jeder, der das sagte, an die Wand gestellt. Heute ist es grade umgekehrt. Wer heute nicht sagt, Nichtimpfer sind potenzielle Mörder, der wird medial zerstückelt. Das ist richtiger Wahnsinn, was sich da psychisch entwickelt.

Man muss den Leuten das schmackhaft machen.

Ich habe früher keinen Spinat gemocht. Dann hat mein Mütterlein den einfach untergemischt unter Karamellpudding. Weil sie gesagt hat, das ist gesund.
Andersrum geht es natürlich auch.
Da hat eine Frau ihren Mann vergiften wollen mit Arsen. Eine einzige Kapsel hätte er gleich ausgespuckt. Aber in scharfes Essen in mehreren Dosen untergemischt – das merkt keiner.
Alles Variationswege,
den Uneinsichtigen den Impfstoff unterzujubeln.

Natürlich fragen die Leute Fragen.
Gegen AIDS gibt es seit 40 Jahren keinen Impfstoff, gegen Hepatitis C gibt es keinen Impfstoff? Und gegen Corona gibt es den Impfstoff innerhalb eines halben Jahres?
Was ist da los?
Das ist natürlich wunderbar.
Aber man kann es nicht verübeln, dass manche das nicht glauben. Deswegen tät ich als Erstes eine Massenverabreichung machen von Valium, damit das Bewusstsein allgemein getrübt ist und nicht dauernd alles hinterfragt wird.
Damit einem die Politik endlich wurscht ist.
Aber ich schweife ab:

Die Diskussion um Impfpflicht war natürlich lange so sinnlos, wo es gar nicht genug Impfstoff gab und die Regierung das bekanntlich vermasselt hat mit ihren Bestellungen und so weiter.
Also, ich wäre nicht eine Superunternehmerin, wenn ich auch dafür keine unglaubliche Lösung hätte. Die aber, das muss ich zugeben, von der Wissenschaft auf dem Silbertablett serviert wird.
Jeder Politiker kann das nachlesen.
Aber keiner kommt drauf – wie immer.
Und zwar – ich sag's Ihnen:
Jetzt haben doch BioNTech und Pfizer – die Produzenten von Corona-Impfstoffen – angegeben, dass eine Ampulle des Impfstoffs nach Verdünnung fünf Impfdosen à 0,3 Milliliter enthalten soll. Die Fläschchen sind mit 0,45

ml Konzentrat vorgefüllt. Dies muss mit 1,8 ml isotoner Kochsalzlösung verdünnt werden. Ergibt mit 2,25 ml mehr als sieben Dosen.
Streckung ist also wichtig.
Und wenn man sieben aus einer Dosis rauskriegt,
kriegt man auch 100 raus.
Das hat meine Oma immer gesagt. Wo vier satt werden, wird der Fünfte auch noch satt. Im Krieg hatte man nichts zu essen und ist auch satt geworden. Weil meine Oma gesagt hat:
Wo vier nicht satt werden, wird der Fünfte auch nicht satt.

Die Verdünnung macht es also.
Das kennen wir ja aus der Homöopathie:
Globuli, Regenaplexe. Das wird verdünnt hoch 10, hoch 20, hoch was weiß ich. Da ist 10^{-2} ein Tropfen Alkohol auf einen halben Esslöffel Wasser. 10^{-12} ist ein Tropfen auf 32 öffentliche Schwimmbecken. 10^{-32} ist ein Tropfen auf den zweimaligen Inhalt des Mittelmeeres. Durch Verschütteln gibt dann das Arzneimittel eine Information an das Wasser ab und verstärkt diese bei jedem Potenzierungsschritt. Auch wenn von dem Arzneimittel gar keine Moleküle mehr in der Lösung vorhanden sind.
Das ist, wie wenn Sie in die Nordsee pieseln und Ihr Pieseln verdünnt sich mit dem Meerwasser und dann baden die Leute in Spanien im Atlantik und haben noch was von dem, was sie in die Nordsee gepieselt haben. Deswegen ist Baden in Spanien ja nicht ungefährlich, falls jemand in die Nordsee gepieselt hat mit einer ansteckenden Krankheit.
Wenn also der Impfstoff jetzt nicht reicht, arbeite ich dran, dass alle Geimpften in die Nordsee pieseln. Dann können die Leute in Spanien baden und nehmen über die Haut den Impfstoff auf, weil die ganze Nordsee der Impfstoff ist.
Homöopathisch.
Wasser hat ja ein Gedächtnis.

Ich weiß, was Sie jetzt sagen wollen:
Das ist alles Einbildung.
Aber davon lebt der Mensch. Probieren Sie es aus.
Einbildung ist die größte Bildung, hat meine Oma immer gesagt. Wenn Sie sich einbilden, was zu können, können Sie's. Der Dachdecker auf dem Dach

fällt doch nicht runter, weil er artistisch besonders geschult ist. Der fällt da nicht runter, weil er sich einbildet, dass er gar nicht runterfallen kann. Und schon bleibt er oben. Ich tät gleich runterfallen. Weil ich mir einbilde, ich kann mich auf so einem Dach gar nicht halten.
Und so funktioniert die Impfung. Jedenfalls auch.
Das ist doch immer Usus bei allen Tests:
Die eine Hälfte kriegt das Mittel, die andere Hälfte ein wirkungsloses Placebo. Aber bei der Hälfte mit den Placebos wirkt es trotzdem!
Weil die sich das einbilden.
Dann gebt doch um Himmels willen den Menschen Placebo-Impfungen. Bei der Hälfte wirkt es trotzdem.
Weil die es sich einbilden.
Politik ist doch in erster Linie Psychologie.
Ganz viel Einbildung.
Und Selbstheilung.
Und dann macht Corona nämlich auch Spaß.
Und wird zu einem puren Vergnügen.«

35 Ursula von der Leyens fiktive Ausreden

Das Versagen in der Impfpolitik beschäftigt jedoch in ganz anderer Weise auch EU-Kommissionspräsidentin Ursula von der Leyen, die uns täglich mit neuen Sottisen über ihre europäische Impf-Politik unterhält. Und die durchaus dieses daher geredet haben könnte:

»MR Frau von der Leyen, es ist die größte Krise und Blamage der EU-Geschichte, die katastrophal schiefgegangene Corona-Impfstoffbestellung. Wie konnte das passieren?

vdL Ich störe mich ein wenig an einem Vokabular wie ›katastrophal‹ und ›schiefgegangen‹. Das macht die wahren Probleme in Europa klein.
Ich möchte da doch die Relation wahren, die angemessen ist. Wenn Sie sich zum Beispiel Österreich anschauen, das bekanntlich zur EU gehört und das immer wieder eigene Wege ging in der Corona-Bekämpfung, gab es da seit dem Jahr 2000 gegen fast die Hälfte aller österreichischen Finanzminister Gerichtsverfahren oder Vorerhebungen.
Dem jetzigen Finanzminister Blümel wird Bestechlichkeit vorgeworfen und Herr Kurz geht in seinen Videobotschaften und Regierungserklärungen mit nichts darauf ein. Diese Verschleierung geht seit Jahrzehnten dort so. Ich denke, da ist eine Verzögerung der Impfstoffbestellungen um ein paar Monate wirklich eine Marginalie.

MR Trotzdem: Wie konnte das passieren?

vdL Die Frage ist zuerst einmal, wie konnte es nicht passieren? Und dann ist die Frage, dass es mich mit großer Zufriedenheit erfüllt, dass wir als EU – der immer nachgesagt wird, sie sei ein Abstellbahnhof für ausgediente Politiker, die hierhin weggelobt werden, weil man mit ihnen Probleme hat oder sie nirgendwo mehr unterbringt –, dass wir als EU endlich beweisen können, dass wir aktiv etwas tun können für die Menschen in Europa und dass ohne die EU sogar gar nichts liefe für die Menschen.

MR Nur passiert da ja gerade das Gegenteil.

vdL Das Gegenteil ist immer ein Teil vom Ganzen.

MR Aber das Ganze fing schon damit an, dass Minister Jens Spahn und seine Amtskollegen aus Italien, Frankreich und Holland sehr aktiv waren beim Bestellen und dann auf Druck von Frau Merkel die Zuständigkeit für die Impfstoff-Bestellung an die EU-Kommission abgeben mussten. Im Juni. Sie haben aber erst im November bestellt. Nach fünf Monaten.

vdL Das war aber 2020. Wir schreiben jetzt 2021. Und bald 2022 und 2023. Das sind ganz neue Jahre.

MR Was hat denn das zu tun mit Ihrer Trödelei?

vdL Das war ein Missverständnis auf einer Ebene weit unter mir.

MR Was für ein Missverständnis?

vdL Ich denke, ich kann so weit gehen, zu sagen, dass wir der Ansicht sein mussten, wenn hochqualifizierte Kräfte wie Minister Spahn und Minister aus Italien, Frankreich und Holland die Aufgabe an die EU weiterleiten, kann es sich nur um einen Beitrag handeln für die ›Versteckte Kamera‹.

MR ›Versteckte Kamera‹?

vdL Ja, aber wir haben es ja auch gleich durchschaut und sehr gelacht.

MR Es war doch gar nicht ›Versteckte Kamera‹!

vdL Das haben wir dann auch sofort realisiert im November 2020 und umgehend nach fünf Monaten die Übertragung der Aufgaben in die Tat umgesetzt.

MR Nach fünf Monaten!

vdL Trotzdem sind wir bei den Impf-Produzenten im Recall. Wir stehen aber nicht über anderen Menschen oder Nationen. Alle Menschen sind gleich. Und die Deutschen oder Europäer müssen nicht den ersten Platz belegen bei ›Deutschland sucht den Impfstoffstar‹.

MR Das ist sehr flapsig gesagt. Denn zusätzlich zu der zeitlichen Schlamperei haben Sie auch dann nur 300 Millionen Impfdosen geordert, obwohl BioNTech 500 Millionen angeboten hat.

vdL Das ist ein ganz einfaches Rechenexempel. Die EU hat 460 Millionen Einwohner. Alle Institute sagen ja, 85 Prozent der Infizierten haben keine Symptome. Da drängt also ein Impfvorgang nicht so sehr. Bleiben 69 Millionen zu Testende übrig. 110 Millionen in Europa haben Corona bereits gehabt. Da verzichtet man auf ein Impfen. Bleiben MINUS

41 Millionen Europäer. Für die, davon gingen wir aus, sind 300 Millionen Dosen sogar noch viel zu viel.

MR Das ist doch eine wahnwitzige Rechnerei. Es geht nur um vermeidbare Todes- und Krankenfälle.

vdL Auch das war für uns entscheidend in diesem Rechenexempel. Wie wir der Presse und den Instituten entnehmen dürfen, werden viele Mittelständler und Kleinunternehmer die Krise wirtschaftlich ohnedies nicht überstehen. Das heißt, diese Menschen haben bei einer eventuellen Infektion ungeimpft genügend Zeit, sich auszukurieren, ohne die Staatskasse durch den teuren Impfstoff belastet zu haben.

MR Aber die Frage ist doch, wie belastet wird die Wirtschaft durch das verzögerte Impfen?

vdL Das habe ich Ihnen doch gerade gesagt. Auf breiter Ebene wird es die Wirtschaft kaum noch geben.
Sie sehen, ich bin eine Kämpferin. Ich habe nicht nur eine nackte Bestellung im Auge, sondern den vielschichtigen, komplexen, philosophisch-sozial-soziologischen Hintergrund, um diese Bestellung zu rechtfertigen.

MR Ist – noch einmal nachgehakt – das Impf-Desaster der EU nicht eigentlich der größte Fehlschlag in Ihrer Karriere?

vdL Nein, wenn Sie sich erinnern an meine Zeit als Verteidigungsministerin und an Probleme, die ich damals hatte, wissen Sie, da sind die Impf-Probleme doch gar nicht mehr erwähnenswert. Deswegen bin ich ja nach Europa gegangen.

MR Wieso?

vdL Hier konnte ich nicht mehr so viel falsch machen.

MR Aber im Gegensatz zu Ihrer Zeit als Verteidigungsministerin ist bei den Fehlern in der Impfplanung mit deutlich mehr Toten zu rechnen.

vdL Da kann ich aber in der Gesamtheit gar nichts dafür. Denn die Wahrheit ist doch, dass der Impfstoff von der Bestellung bis zur Menge eine

Frage der ›Gesundheit‹ ist und die ›Gesundheit‹ fällt ganz klar in den Einzugsbereich der Gesundheitskommissarin der EU, Stella Kyriakides. Damit habe ich gar nichts zu tun, merke ich gerade.

MR Aber Stella Kyriakides steht auch unter scharfer Kritik deswegen.

vdL Stella Kyriakides hat eine hervorragende Basis und ist zudem auch ausgezeichnet verzweigt. Sie stammt aus reichen Verhältnissen in Zypern, hat ein Haus in Nikosia und eine Wohnung in London. Hat sich gegen geschlossene Grenzen in Europa ausgesprochen und klar Position bezogen gegen die Ausgrenzung von Tschechen und Österreichern.
Und sie hat im Sommer 2020 mit einem Post von ihrem Balkon und ihren hochgelegten Füßen mit deutlich gezeigten Sneakers dem Schuhe-Einzelhandel in dieser Zeit Mut gemacht.
Ich denke, ihre Qualifikation ist sehr vielseitig.

MR Finden Sie es denn richtig, dass eine Führungsperson wie Sie der Mannschaft die Fehler vorwirft, für die Sie die oberste Verantwortung tragen?

vdL Wenn es sich um Fehler handelt, die gemacht werden weit unter der Ebene der Führungsperson, dann schon.

MR Aber hier betreffen die Fehler deutsche und europäische Bürger.

vdL Das ist ja weit unter meiner Ebene.
Ich kann nur wiederholen:
Wir in Europa und ich in Europa haben in dieser Sache der Impfstrategie alles Menschenmögliche getan. Nur manchmal ist eben das Menschmögliche zu wenig. Das liegt aber nicht an mir, sondern am Menschen.

MR Machen Sie es sich damit nicht zu einfach?

vdL Ich darf dazu sagen, dass ich, obwohl dies nicht in meinen Verantwortungsbereich fällt, als Ausgleich für verspätete oder unzureichende Impfstofflieferungen, klar bekannt gegeben habe, von allen nicht unbedingt notwendigen Reisen sollte dringend abgeraten werden.
Das hat deutlich dem Impfplan einen Aufschub verschafft.

MR Aber damit in Pflege- oder Altenheimen möglichst wenig passiert, ist mit solchen Aussagen nicht viel erreicht.

vdL Da hat die Bundeskanzlerin wiederum ein klares Wort gesprochen. Sie hat ihr Mitfühlen deutlich gemacht mit den Worten:
Ihr bricht das Herz.

MR Sonst nichts?

vdL Doch.
Sie sagte zusätzlich im selben Interview:
Das Amt macht ihr Freude.

MR Richtig. Und Frau Merkel sagte auch, dass sie in dieser Corona-Zeit manchmal nachts wach wird und über die Dinge nachdenkt. Obwohl sie Dinge nicht weiter definierte.«

36 Die Verantwortung der nachfolgenden Generation

Die Dinge nicht weiter zu definieren, heißt sicher auch, die zusätzlichen Schulden im Bundeshalt nur in Raten bekannt zu geben. Man sprach lange von 124 Milliarden Euro aufgenommener neuer Schulden. Da waren es aber bereits, von regierungsamtlicher Seite intern bestätigt, nahezu 2 000 Milliarden Euro. Das hieß, den Schuldenberg, der bis zum Beginn der Krise aufgetürmt war, verdoppelt zu haben in noch nicht einmal vier Monaten. Trotzdem kam von unbequemer Seite sogleich wieder die Beschwerde, dass das ja dann die nachfolgende Generation und die dann nachfolgende Generation und die weitere und die dann weitere abbezahlen müssten.

Dies ließ sich aber einfach widerlegen.
Denn man hoffte, wenn Corona erfolgreich sein würde,
dass es die nachfolgenden Generationen
vielleicht gar nicht mehr geben würde.

Und falls doch, hinterließe diese jetzige Generation der nachfolgenden Generation immerhin Unsummen und ungeheure Werte in Form von verbauten Straßen, Gebäuden, Großprojekten wie Stuttgart 21 oder dem Berliner Flughafen BER, Kohlekraftwerken, Infrastrukturen et cetera.
Dafür kann doch wohl die nachfolgende Generation läppische zwei oder drei oder vier Billionen an Miete und Pacht abbezahlen?! Sollen die Kinder und Kindeskinder das alles umsonst haben? Die vorherige Generation hatte der jetzigen Generation mindestens so viel Kriegsschulden hinterlassen. Und dazu noch Schutt und Asche in den Städten aus dem 2. Weltkrieg.

Außerdem muss man in der Debatte ›Schulden‹ und ›spätere Generationen‹ immer auch bedenken:
Die Schulden von Deutschland
sind sein wahrer Reichtum! Nein?
Hätten wir wirklich Geld, kämen noch mehr Asylanten.
Und Dritte-Weltler wollten noch mehr Kredite.
Das Geheimnis liegt im Ausgleichen der Behauptungen, viel Geld zum Investieren zu haben, obwohl es nicht stimmt und kein Geld zu haben für Forderungen und Bitten Ungebetener, obwohl auch das nicht stimmt.
Da müssen wir noch viel lernen.
Denn Religion und Politik sind sich sehr nahe. Den Menschen Dinge zu erzählen, die es nicht gibt und die wahr werden, indem man an sie glaubt. Und glauben sie sie nicht mehr, sind sie auch nicht mehr wahr.

Wiewohl gerade durch die Anti-Corona-Maßnahmen, durch die Einschränkungen, Lockerungen und dann wieder durch die Rücknahmen der Lockerungen der Glaube an die Messlatten der Hygiene und gesundheitlichen Vorsorge so hochgelegt worden ist, dass aufgrund neuer Ereignisse befürchtet werden muss, alle bisherigen Änderungen, Kontrollen, Lebens-Anomalien und Vorhersagens-Diskrepanzen waren nur eine Notfall-Übung.
Dass man glauben muss, Corona war nur ein Test.
Um auf die nächste Katastrophe eingestimmt zu sein.
Denn:

In Brandenburg hatte man nämlich im September 2020 die ersten Schweinepestschweine gefunden. Und sie waren auch noch tot. Wenn ein Karl Lauterbach seine Theorien weitergedacht hätte, wären zusätzliche Lockdowns unumgänglich gewesen.

Und zwar in ganz Deutschland.
Auf einmal schwang die Ahnung mit, man könne diese Schweinepest nutzen, um zu zeigen, wie harmlos die Corona-Reaktionen waren. Denn Karl Lauterbach sah sich kurz davor, zusätzlich zu neuer Schließung und neuen Schulden, im Innen- und Außenbereich eine weitere Maskenpflicht zu verordnen –
für Schweine.

Damit Schnauze und Rüssel bedeckt wären.
Und da es auch für verstorbene Menschen bei der Totenwaschung, bei der Sarglegung und bei der Aufbahrung wegen austretender Gase eine Maskenpflicht gibt, für den Fall, dass doch noch Luft aus den Toten entweicht, hätte Karl Lauterbach sicher gerne die Masken auch für zerlegte Schweine im Schlachthaus gefordert und natürlich Maskenpflicht für jedes Wiener Schnitzel und für jede Cervelat-Wurst.
Was wurde also der neue Schlachtruf von Rind und Huhn?
Schwein gehabt.

Wundern wir uns da, warum wir uns nicht mehr aufgehoben fühlen bei den Volksparteien? Vor allem, wenn Politik immer als etwas Anderes dargestellt wird, als es der Wähler empfindet?

37 Armin Laschets träumerische Realitäten

Hat in diesem Sinne der CDU-Spitzenpolitiker Armin Laschet im Sommer 2021 nicht dazu Folgendes gesagt? Oder haben wir uns verhört?

»Meine Damen und Herren,
ich gratuliere mir an dieser Stelle zu meinem Erfolg bei den Landtagswahlen in Rheinland-Pfalz und Baden-Württemberg im März 2021.
In Rheinland-Pfalz konnte die CDU ihre klare, konstruktive und zukunftsorientierte Opposition fortsetzen. Wir haben da mit 27,7 Prozent eine eindrucksvolle Bestätigung unserer Arbeit vom Wähler bekommen. Was sich schon darin ausdrückte, dass wir mit vier Prozent weniger auszukommen bereit sind als 2016. Damals waren es 31,8 Prozent.
Aber der Wähler hat gesehen:
Wir sind in unserer Wirkung und in unserer Arbeit so selbständig und sicher, dass der Wähler uns alleine lassen kann. Wir müssen nicht kontrolliert werden durch noch mehr Wählerstimmen. Denn jede Stimme ist im Grunde immer nur der Kontrollblick des Chefs über die Schulter: Ich wollte mal gucken, ob ihr noch was tut?

Wir tun was.
Und das tun wir gut.
Das hat der Wähler erkannt.
Und das ist auch so gewesen in Baden-Württemberg.
Wo sich mit 24 Prozent für die CDU das gleiche Bild ergibt. Da hatten wir 2016 27 Prozent. Der grüne Koalitionspartner, der unter unserer Führung

fünf Jahre lang den Ministerpräsidenten stellen durfte in Form von Winfried Kretschmann, stieg von circa 30 Prozent damals auf jetzt circa 33 Prozent. Das heißt, unsere grünschwarze Koalition in Baden-Württemberg ist an Prozenten gleich geblieben. Aber die Arbeit unserer CDU war so effektiv, dass wir drei Prozent gut und gerne an die Grünen abgeben konnten, weil die mit ihrer Arbeit eben noch nicht ganz fertig sind. So schien es uns mit dem, was sie in den letzten fünf Jahren hätten leisten sollen.
Unsere baden-württembergische CDU-Kultusministerin Susanne Eisenmann hingegen, um ein Beispiel zu geben, hat in den letzten fünf Jahren zur Gänze so viel abgeleistet, dass sie mit Tatkraft alle ihr zugewiesenen Aufgaben erledigt bekam.
Und so kann sie sich jetzt ins Privatleben zurückziehen.
Es ist einfach nichts mehr zu tun für sie.

Während Winfried Kretschmann von den Grünen, um ein weiteres Beispiel zu nennen, offenbar dermaßen nachlässig und trödelig gewirtschaftet hat, dass er jetzt noch einmal fünf Jahre nachsitzen muss, um mit dem fertig zu werden, wofür ihn der Wähler eigentlich vor fünf Jahren für fünf Jahre gewählt hatte. So geht man mit dem Geld und der Geduld von Wählern nicht um.
Aber das ist seine Sache.

Wenn ich diesem Wahlergebnis und der Reduzierung unserer Stimmenanteile etwas Positives abgewinnen kann, dann ist es das, dass die CDU vor allen anderen Parteien die Partei der Bescheidenheit und der Zurückhaltung ist:
Wir kommen aus mit wenig.

Es ist erfreulich und gibt uns Auftrieb, dass die SPD in Rheinland-Pfalz dieselben Prozente hat wie bei der letzten Wahl. Das heißt, sie verharrt im Stillstand. Da bewegt sich nichts.
In Baden-Württemberg hat die SPD mit elf Prozent Anstandsprozente bekommen. Sie ist praktisch nicht mehr weiter erkennbar.
Sie existiert nur noch auf dem Papier.
Auch wenn sie sich als Papiertiger geriert.

Und Saskia Esken als mittelmäßige Frauendarstellerin behauptet, sie sitze bereits als Olaf Scholz im Kanzleramt.

Klar ist aber erstens, dass die Corona-Krise das Land weiter belastet, und zweitens, dass wir bei dem Management der Krise besser werden müssen. Ich spreche da insbesondere die Masken an. Und mit Masken meine ich die Handhabung der Masken, die Bestellung, die Vorteilsannahmen, ja, sagen wir es ruhig so, wie die Menschen es empfinden, die Form der als solche empfundenen Korruption.
Das ist nicht in Ordnung, keine Frage.
Aber in einer Zeit, in der Menschen dermaßen sozial und wirtschaftlich und seelisch belastet sind, muss man sie nicht noch aufregen mit Meldungen über ein paar Ungeister, die hier gemauschelt haben.
Diese Aufdeckung hätte auch noch Zeit gehabt,
bis man sie vergessen hat.
Denn was ist der Gewinn, über Maskenbeschaffung Bescheid zu wissen, gegenüber Zehntausenden von psychotisch gewordenen Kindern, die inzwischen zuhause eingeschlossen schon für sich den potenziellen Selbstmord auf der Tagesordnung haben?

Auf der anderen Seite ist es drittens auch wieder gut,
dass wir hier eine Offenheit bekommen haben.
Sie wissen es selbst:
Die gesamte Politik und Wirtschaft der Jahrzehnte seit 1949 sind begleitet vom Eindruck, dass Vorteilsannahme offenbar zum politischen Geschäft dazugehört. Ich erinnere an die Flick-Affäre, an den Starfighter-Skandal, an die Gelder für Kohl und Schäuble, an die Enthüllung bei VW, die Bestechung bei der FIFA und so weiter und so weiter und so weiter und so weiter.
Ich denke, es hat auch etwas Beruhigendes, dass nun schon früh bekannt ist, dass auch die Corona-Bewältigung nicht ohne gewisse Zuwendungen auskommt.
Ich glaube, wenn hier plötzlich alles rund und sauber liefe, wären die Menschen enorm verunsichert und würden sagen:
Da stimmt doch etwas nicht.
Vermutlich würden sie so Schlimmeres annehmen,
als wirklich gewesen ist.

Wir dürfen nie das Menschliche außer Acht lassen, dass Vorteilsannahmen, so schlimm sie auch sein mögen, die betroffenen Menschen auch immer animieren zu etwas Größerem.
Und wenn es der große Berg Geld ist, der übrig bleibt.

Was aber drittens ebenso positiv zu beurteilen ist, dass Freunde und Kollegen aus unserer Partei, aus unserer CDU, da hinein geflochten gewesen sind und wir so schnell wie noch nie in der bundesdeutschen Geschichte reagiert haben mit Amts-Niederlegungen und Partei- und Mandatsausschlüssen.
Das zeigt Entschlossenheit und Handlungsfähigkeit.
Die uns qualifizieren auch für die kommende Kanzlerschaft.
Und da bin ich den korrupten Kollegen dankbar.
Denn sonst hätten wir Kraft und Stärke nicht beweisen können. Wir können nicht immer auf göttliche Eingebungen oder weltliche Zufälle warten, dass sie uns solche Chancen geben. Oft müssen wir selbst etwas tun, damit wir uns als Krisenmanager beweisen können.
Will sagen, wenn ich mit Nachdruck Bundeskanzler werden soll, wenn Sie als Bürger das wirklich wollen, dann wäre es gut, wenn wir noch ein paar Unregelmäßigkeiten bekämen, die ich energisch bekämpfen kann.

Bei all dem darf ich drittens aber anmerken,
dass alle diese Vorgänge mitnichten CDU-spezifisch sind. Ich will keine Namen nennen, deswegen belasse ich es bei einem Kürzel, aber ich erinnere mit Freude und einer gewissen Genugtuung an die Vetternwirtschaft bei der Arbeiterwohlfahrt in Hessen oder an die Mauscheleien bei der Müllwirtschaft in Köln von der –
SPD.

Diese SPD hat da einiges aufzuarbeiten.
Auch was Olaf Scholz angeht und seine dunkle Seite bei Wirecard. Oder was Jens Spahn angeht und seine dunkle Seite beim Impfen …
Ääh, Entschuldigung, da war ich in der Zeile verrutscht.
Jens Spahn ist ja gar nicht bei der SPD.

Ein Bundeskanzler muss Krise können.
Und ich hoffe, wir werden noch genug davon haben.

Damit ich mich beweisen kann.
Die Maskenaffäre jedenfalls hat uns in ein Tal gestürzt.
Aber wir brauchten sie, um sie zu bewältigen.
Und zu zeigen:
Wir können Bundeskanzler.
Und dafür habe ich mir als Ministerpräsident von Nordrhein-Westfalen natürlich überlegt, welche Auswirkungen haben die Wahlergebnisse von Rheinland-Pfalz und Baden-Württemberg auf meine Kandidatur zum Bundeskanzler der BRD?
Welche Auswirkungen hat mein Lachen beim Besichtigen der Hochwasser-Katastrophe in Nordrhein-Westfalen während der Rede des Bundespräsidenten auf meine Kandidatur?
Und da bin ich mit mir absolut einig:
Keine!

Denn das alles hat nichts zu tun mit den Plänen und den Visionen für die Kanzlerschaft, die ich anstrebe und die die Wahl von Baden-Württemberg und Rheinland-Pfalz und mein Lachen weit hinter mich lassen.
Zu diesen Plänen und Visionen gehört erstens unter dem Eindruck gewisser Mauscheleien und Vorteilsgewährungen im Corona-Masken-Bereich die Erinnerung an das Gemeinwohl.
Erstens als Verpflichtung für Politiker, etwas für die Allgemeinheit zu tun.
Als auch zweitens als Mahnung an die Wähler, dass nicht alles Gold ist, was glänzt.
Denn in Gemeinwohl steckt sowohl das Wort ›wohl‹.
Als auch das Wort ›gemein‹.
Man kann das eine nicht ohne das andere.
Dafür haben wir drittens einen Verhaltenskodex erstellt, nach dem Abgeordneten- und Parteientätigkeit strikt voneinander zu trennen sind. Das mag schon seit 1949 im Grundgesetz und in der staatsrechtlichen Vereinbarung so angedacht gewesen sein. Aber es ist uns jetzt erst aufgefallen, dass wir es auch umsetzen müssen und uns dran zu halten haben.
Drittens muss jetzt unser Augenmerk darauf liegen, wie wir die Wirtschaft bewältigen nach Corona? Wie können wir die Jobs beflügeln, damit die

Steuern wieder fließen und wir die aufgelaufenen Schulden zurückbezahlen können.

Wir brauchen Geld.
Denn wo immer wir mit den Grünen zusammengehen müssen, müssen wir denen nachgeben zum Beispiel bei der kostenlosen Ganztagsbetreuung. Ab dem 18. Lebensjahr natürlich erst. Sonst wird es wirklich zu teuer. Dazu wollen die Grünen weniger Sozialabgaben und mehr Arbeitsförderung. Das werden wir versprechen müssen. Wir können es nicht bezahlen, aber wir wollen den Menschen Hoffnung machen. Hoffnung kostet ja nichts.
Danach sind die Menschen natürlich enttäuscht.
Aber Enttäuschung kostet ja auch nichts.

Es ist drittens wichtig, dass wir drittens die richtigen Entscheidungen treffen und wenn wir drittens sagen, bei den Masken wollen wir künftig volle Transparenz, und das heißt dann nicht, dass die Masken durchsichtig sein sollen.

Wir wollen jetzt ein Wahlprogramm erarbeiten, das ich nach der Wahl irgendwann einmal lesen werde, um zu wissen, was zu tun ist.
Meine Vision für das Kanzleramt soll sein:
Gut regieren.
Das Management verbessern.
Grundsatzfragen stellen.
Beherzter handeln.

Wir müssen uns überlegen, dass wir davon ausgehen, dass die Leute in der Pandemie unruhiger wurden, auch weil so viele infiziert sind, aber doch relativ dazu wenige krank wurden. Und da ist die Frage, wenn wir die Menschen weiter in die Lockdowns schicken und ihnen gegebenenfalls weitere Urlaube und Vergnügungen streichen, ob dann der CDU das Kanzleramt irgendwann außerfahrplanmäßig verloren geht?
Da müssen wir genau abwägen, ob wir nicht doch das Gesundheitssystem überlasten, indem wir alles öffnen, und ob das nicht die geringere Gesundheitsgefahr ist, als wenn unter einem Olaf Scholz als Bundeskanzler psychisch alle erkranken.
Also, mit anderen Worten:

Goutieren wir die Krankheit Corona?
Oder goutieren wir die Krankheit SPD?
Das klären wir beim nächsten Impfgipfel.«

4. AKT

Die Welt in Corona – Irreleitungen im Volk

38 Des Wendlers fast gepostete Tatsachen

Also war man partiell dankbar für den Maskenskandal?!
Die Gefahr solcher Politik und solcher Unverlässlichkeit ist, dass Menschen im Land abdriften ins Okkulte.
In den Wahnsinn.
Ins Irrationale und ins Irreale –
also beinahe ins Regierungsähnliche?
Um das teilweise Irrationale der Regierungsentscheidungen mit noch mehr Irrationalität zu toppen.

Der Schlagerist Michael Wendler beispielsweise ist in dieser Hinsicht bei Statements im Netz im Original von Folgendem nicht mehr auseinanderzuhalten:

»Hallo, liebe Fans, hier ist der Wendler.
Der Artikel ›der‹ vor meinem Namen zeigt ja schon, dass Wendler was Einmaliges ist. Dass ich was Einmaliges bin.
Was Glaubwürdiges, was Reales.
Mein Wort hat Priorität. Und als die Realität sage ich euch:
Es ist unfassbar, dass Donald Trump in den USA so lange hat kämpfen müssen für seine 2. Amtszeit, weil ihm die Demokraten unterstellen, er hätte Wahlbetrug begangen. Aber der Mann hat 74 Millionen Stimmen. Mehr als je ein Mensch auf dieser Erde hatte. So viel Stimmen kann man nicht fälschen. Überlegt doch mal. Dafür würde man Jahrhunderte brauchen.

Jetzt wurde behauptet, dieser Joe Biden hätte 78 Millionen Stimmen bekommen. Woher soll er die bekommen haben? Er hatte ja gar keinen Amtsbonus. Man wählt keinen No-Name. Der auch noch viel älter ist wie der jugendliche Trump.
Das macht doch alles keinen Sinn.

Ich lebe ja in USA. Ich habe ja Informationen. Ich habe ja eine Ahnung von den Dingen. Es geht nämlich darum, dass der Obama den Trump schon im Vorfeld schlechtgemacht hat, weil Trump nachgewiesen hat, dass Obamas Geburtsurkunde zwar aus USA ist.
Aber dass er gar nicht in USA geboren sein kann.
Weil er nämlich schwarz ist.
Das heißt, da stimmt was nicht. Das kann jeder Blinde sehen. Und es geht jetzt darum, dass Beweisstücke aufgetaucht sind, dass Obama und Hillary Clinton über Trump Hochverrat begangen haben, der ganz klar rechtswidrig ist.
Das wird eine Lawine. Das ist der Wahnsinn.
Wie da behauptet wird, 78 Millionen Stimmen für Biden sind mehr als 74 Millionen Stimmen für Trump?! Die Mehrheit von 74 Millionen vor 78 Millionen kommt ganz klar daher, dass nicht eine einzige Stimme aus Deutschland ausgezählt worden ist. Und das, wo Deutsche gar nicht mitwählen durften. Das muss doch jedem auffallen. Werdet doch mal wach.

Die US-Wahl ist ein weltpolitisches Ereignis.
Man behauptet, Deutschland wäre eine Demokratie. Was ich bestreite. Denn wieso dürfen wir dann nicht mitwählen? Das ist der Wahnsinn. Deswegen werde ich auch nie wieder nach Deutschland zurückkehren.
Wahrscheinlich wird es deswegen Deutschland
auch bald gar nicht mehr geben!

Also, ihr seht:
Ich habe Belege für den Wahlbetrug bei Donald Trump.
Ich habe TV-Aufnahmen analysiert. Da sind Leute in die Wahlkabine gegangen und nie wieder rausgekommen. Und nur, weil dann Werbepause war und man nichts mehr sehen konnte, reicht mir das als analytischer Beobachter auf keinen Fall.

Nicht, dass ihr mich falsch versteht. Ich bin nicht wichtig.
Aber es muss doch jedem auffallen, dass Trump verloren hat, nachdem ich gesagt habe, Corona ist eine Lüge.
Wir brauchen Corona gar nicht.
Trump muss gewonnen haben, schon weil ich in meinem Garten an meinem Haus in Florida dieses Schild aufgestellt habe mit Trump und Pence drauf für Trump und Pence.
Das ist durch alle Medien gegangen.
Und das weiß ich von meinem Plattenverkauf:
Ein TV-Auftritt und der Verkauf verdoppelt sich. Also, wenn meine Trump-Werbung für Trump im US-Fernsehen war, sind das schon die halben Stimmen. Das sind über 36 Millionen Stimmen allein durch mich. Durch meine Aktivität.
Die werden natürlich verschwiegen. Die hat der Biden nicht mitgezählt, weil ich Deutscher bin und nach US-Recht nicht mitwählen darf. Aber mit den ausgezählten 74 Millionen sind das 110 Millionen Stimmen für Trump.
Das ist der Wahnsinn.
Das ist ein Erdrutschsieg für Trump.
Ich bin so stolz auf ihn. Und auf mich.

Die Demokraten haben die Wahlen manipuliert.
Das ist eine einzige Hetze. Ich weiß selber, was die Presse mal über mich verbreitet hat, und wusste selber, es ist nichts dran. Dann hab ich angefangen zu recherchieren über mich:
Wann bin ich geboren, wo und weshalb zur Schule gegangen – das passte alles mit den Vorwürfen nicht zusammen, dass ich die Wahl in USA manipuliert hätte.
Das ist zwar nie gesagt worden.
Aber das schwingt ja immer mit, wenn man mich angreift.
Oder Trump.
Das wird immer wirrer.
Und da geb ich mir völlig Recht.
Das ist alles eine Vollkatastrophe für die Demokratie.

Trump war eine Riesenchance für die Welt. Und wenn er mal eine Lüge untergebracht haben sollte, dann muss man einfach wissen, dass man die

Wahrheit oft gar nicht erträgt. Das kommt auf den Blickwinkel an. Wenn ich jetzt mit meiner Werbepartnerin, der Laura, meiner Ehefrau, Streit habe und sie sagt, ich hab ihr eine runtergehauen, sag ich, es war ein liebevoller Klaps.
Beide haben Recht.
Das sind ja die alternativen Fakten.
Wenn Trump wirklich verloren hätte, hätte er ja gar nicht auf Twitter sagen dürfen, dass es Wahlbetrug war. Die haben ja einen Rechtsstaat. Der Trump käme ja gleich dran, der wäre sofort im Knast, wenn er das schreibt und es stimmt nicht.
Daran siehst Du, dass es stimmt.
Seine Anwälte haben vielleicht vor Gericht die Vorwürfe nicht wiederholt. Aber was sollen sie machen, wo Merkel absichtlich die Zahlen von Corona hochgetrieben hat, nur um zu zeigen, dass Trumps Corona-Politik fake ist.
Merkel regierte doch USA schon.
Das hat man ja gesehen, dass sie ewig gewartet hat, bis sie Biden gratulierte, damit keiner die Verbindung von ihr und ihm herstellt und dass sie mit drinhängt im Wahlbetrug.
Ein ganz fauler Trick.

Ich zähle nur die Fakten zusammen.
Den Betrug sieht man schon da dran, dass sofort nach der US-Wahl ein Impfstoff für Corona bekannt geworden ist. Sonst hätte Trump nämlich einen Erdrutschsieg gehabt. Man hat den Impfstoff zurückgehalten, damit Trump verliert. Aber das hat nicht geklappt. Und dann haben sie sich mit den Machenschaften ins eigene Fleisch geschnitten. Weil für Deutschland war der Impfstoff dann wieder zu früh, weil jetzt Deutschland nicht noch schärfere Maßnahmen durchpeitschen konnte.
Und das Grundgesetz in den Wind schießen konnte.
›Unverletzlichkeit der Wohnung‹ sag ich nur.
Was der Lauterbach durchbringen wollte. Dass das aufgelöst wird.
Der Lauterbach käme bei mir nie ins Haus!!!

Und in der Hinsicht hab ich für euch noch mehr Neuigkeiten. Die sind echt spektakulär:
Corona ist eine Riesenverschwörung.

Aber wer das sagt, wird ausgegrenzt.
Wie bei mir das der Fall ist:
Ich habe RTL großgemacht mit Verträgen. Dadurch, dass ich die Teilnahme zugesagt habe an ›Deutschland sucht den Superstar‹.
Bis dahin haben die Leute doch gefragt, was ist das? Bohlen, wer soll das sein? Ich hab die Sendung aus der Anonymität geholt.
Und der Dank?
Sie kicken mich raus, nur weil ich die Wahrheit sage, dass Corona nur ein Mitesserpickel ist, den die meisten nicht mal auf der Nase haben.
Ich habe Werbepartner bekannt gemacht. In einer gewissen Supermarktkette hat doch vorher niemals jemand eine Nussecke gekauft. Bis ich kam. Dann setzen die mich raus. Ja, wenn sie pleitegehen wollen, bitte.
Aus DSDS bin ich raus, weil dadurch, dass es im öffentlich-rechtlichen Privat-TV gesendet wird, steht ja die Regierung dahinter und gestattet Verstöße gegen das Grundgesetz.
Da heißt es zum Beispiel, alle Staatsgewalt geht vom Volke aus. Aber wer einmal DSDS geguckt hat, wie da von einem Bohlen gegen junge Talente Staatsgewalt ausgeübt wurde und nicht vom Volk. Das ist menschenrechtsfeindlich.
Deswegen haben sie auch Bohlen jetzt rausgeswitcht.
Aber der Wahnsinn geht ja mit anderen weiter.
DSDS ist von der Regierung installiert, um die Leute systematisch zu verdummen. Mit Plapperliedchen das Niveau senken, das ist unfassbar. Das ist Verleugnung.
Ich bin aus DSDS raus. Das ist eine Bombennachricht. Da wird aber nur einmal dazu berichtet. Und dann monatelang bloß über Corona. Man erfindet Corona, damit man über mich nicht berichten muss und den Leuten verschweigen kann, wie ich gefoltert und menschenrechtlich erniedrigt wurde.
Weil das haben sie vor mit allen Deutschen!
Sie wollen die Deutschen erniedrigen.
Und da will man keine schlafenden Hunde wecken, wenn man bald mit ihnen so umgeht wie mit mir.
Raus aus dem Job und weggeschmissen.
Das ist meine Meinung.
Aber das Recht auf freie Meinungsäußerung ist weg.

Und auch da vergeht man sich am Grundgesetz und schmeißt mich raus.
Oder verhindert nicht, dass ich mich rausschmeiße.
Das ist Gesetzesbruch.
Das ist sogar Verbrechen gegen Artikel 1.
Gegen die Würde. Meine Würde ist angetastet.
Ich bin maßlos enttäuscht von mir.
Alle TV-Sender sind gleichgeschaltet.
Hab ich gesagt.
Und da seht ihr ja die Nähe dieser Sender zur Nazi-Zeit.
Denn ›gleichgeschaltet‹ ist eindeutig Nazi-Vokabular.
Ja, es ist halt scheiße, wenn ihr in Konflikt kommt mit jemand wie mir, der sich historisch eindeutig auskennt und die Sache einordnen kann.

Und deswegen sage ich mal was:
Mein Manager ist von diesen Leuten entführt worden.
Man sagt, er hat mir gekündigt. Aber das ist ganz klar eine Schutzbehauptung. Weil das doch jedem auffallen muss: Ich setze mich ein für den großartigen Trump und einen Tag später ist mein Manager weg. Das hätte ich nie geglaubt, dass die US-Demokraten, der Biden und die Clinton, so weit gehen und so eine Macht haben, meinen Manager ins Aus zu katapultieren. Aber dafür bring ich die Demokraten in Deutschland hinter Gitter. Und ich hab Beziehungen. Ich denke, dass mein Manager in irgendwelchen geheimen, unterirdischen Gängen geistig infiltriert wird und mit Gehirngewäsche gefügig gemacht wird.
Und deswegen bin ich in den USA.
Nur die meisten können halt nicht flüchten nach USA und haben keinen Präsident Trump, der sich für sie einsetzen wird wie für mich.«

Sicher, man kann es nicht allen rechts machen.
Nur machen sich viele die Sprache der Rechten zu eigen.
Ohne sie beim Wort zu nehmen.
Und werden wenigstens Mitläufer.
Oder besser, sie werden Läufer.
Bei Pegida, bei AfD-Aufläufen, bei Ewig-Gestrigen sind sie der rote Teppich für den Auftritt von Neonazis, die sich bald an ihnen die Füße abstreifen.

Vor über 70 Jahren haben die Russen das KZ Auschwitz befreit.
Heute befreien uns Rechte von dem Verdacht,
wir lebten nicht mehr in der Vergangenheit.

Wir leben zudem in einer Zapping-Gesellschaft.
Was man nicht unterbringt in 30 Sekunden, erreicht die Wähler nicht mehr.
Wahlprogramme wie das der AfD passen genau in 30 Sekunden. Und wer erst später reinschaltet, weiß trotzdem, dass er nichts verpasst hat.
Damit passt diese AfD zur schnelllebigen Zeit.
Wer mittags nur Zeit hat für Fast-Food und Softdrinks,
hat am Wahlsonntag auch nur Zeit für die AfD.
Und gesoftete Parolen aus dem rechten Rand der Politik.
Oder auch aus der Unterhaltungsbranche:

Beispiele wie der Wendler sind da ziemlich deutlich und direkt. Eher zwischen den Zeilen hört es sich an, wenn ein Andreas Gabalier sich rechtfertigt.

39 Andreas Gabaliers fast gesprochene Verteidigung

Seine erweiterte Verteidigung der Inhalte seiner Songs, über seine eigenen Worte hinaus,
haben wir ihm vorsorglich schon mal zurechtgelegt:

»Das ist ja der größte Witz.
Dass die Leute mich in die rechte Ecke stellen.
Aber gar nicht kapieren, was ›rechts‹ ist.
Das wird ja nur einseitig gesehen.
Das ist ja auch so belastet mit Vorurteilen. Das ›Rechte‹ ist ja gar nicht so rechts, wie das ›Rechte‹ daherkommt, wenn es rechts ist. Das ›Rechte‹ kommt ja nur als Begriff vor, weil diejenigen, die in Opposition waren zu den Linken, in dem Parlament rechts gesessen haben. Hätten Sie woanders gesessen, wären die Rechten heute links oder mittig oder oben oder hinten. Es ist eine Ansichtssache.
Stehst Du vorn, ist ›rechts‹ rechts. Aber stehst Du hinten, ist ›rechts‹ auf einmal links. Und das siehst Du ja schon an den vielen rechten Ansichten von den Linken. Das drückt sich aus in der Sitzordnung. Rechts ist nur eine Formalie.

Meine Alben sind regelmäßig auf Platz 1. Ich singe vor bis zu 80 000 Leut. Erfolgreicher kann man nicht sein. Wenn das ›rechts‹ ist, dann ist ›rechts‹ die Mehrheit und dann ist ›rechts‹ Demokratie.
Dann wollen die Leute rechts, ganz einfach.
Ich hab viel mit kranken Leuten zu tun, mit Kindern, die Krebs haben. Da kannst Du was machen, emotional. Aber mit denen, die mich angreifen, von wegen ›rechts‹, mit den Kranken willst Du nichts zu tun haben. Weil sie Dich anscheißen.
Es gibt kleine, sogenannte demokratische Geister, die immer nur das Negative suchen. Aber das Positive könnten sie ja auch mal berichten. Zusammenhalt zeigen.
Denn wenn man ganz zurückgeht:
Wer ist denn zerstritten?
Das ist doch die Linke:
SPD, Linke, Grüne – alle zerstritten.

Diese Kritik an verstecktem Rechtspopulismus und an meinen Texten ist insofern natürlich problematisch, weil da gleich die Assoziation da ist zu anderen Rechtspopulisten bis hin zu dem einen. Dem berühmten.
Aber bitte, man soll doch aus einem Elefanten keine Mücke machen. Dieser Vergleich mit mir macht die großen Nazis klein. Das ist doch nicht gerecht.

Das sag ich in aller Bescheidenheit.

Und dann kommt noch die Sache mit dem Eisernen Kreuz, das hätte ich besungen. ›Kameraden halten zusammen wie ein eisernes Kreuz, das am höchsten Gipfel steht‹, sing ich. Das Eiserne Kreuz wär aber eine alte Kriegsauszeichnung bei den Nazis gewesen, sagen die mir.
Was soll das?
Die Nazis sind lang her.
Und Krieg haben wir auch nicht mehr.

Und dann heißt es noch, ich hätte auf meinem
›Volksrock'n'Roller‹-Cover das Hakenkreuz nachgestellt.
Das stimmt auch nicht.
Und wenn es stimmen würde, soll es nur die Beweglichkeit, die Grazilität, den Charme vom Hakenkreuz und von mir ausdrücken. Das war ein Fotoshooting. Und wenn man da ein Hakenkreuz hineininterpretiert, dann war das Zufall.
Das ›Rechte‹ ist ja oft nur Zufall.
Ihr müsst den Leuten halt mal zuhören.
In puncto Flüchtlinge zum Beispiel.
Es hat doch keiner was gegen Menschen aus Syrien oder Irak.
Solange sie da bleiben, wo sie herkommen.
Wenn sie hierherkommen, hat man was dagegen.
Das ist doch logisch.
Das geht nicht gegen die Menschen,
sondern gegen ihr Dasein.
Wenn Du einen Hund hast, ist der Dir wohlgesonnen. Aber leg Dich mit ihm in seine Hütte und friss ihm sein Fleisch weg. Was meinst Du, was der mit Dir macht?

Hakenkreuz auf dem Cover, sagen die Leute. Das ist eine Unterstellung. Ich find das unfassbar. Und ich bediene das auch nicht bewusst. Wenn das ein Hakenkreuz ist, dann ist das völlig unbewusst. Das ganze sogenannte ›Rechte‹ ist bei mir völlig unbewusst.
Das ist bei den meisten Menschen so.
Das ist eine Bauchsache.

Das war ja in der Geschichte immer so.

Das Problem ist, dass das ›Rechte‹ immer sofort assoziiert wird mit was Furchtbarem:
Nazis, Juden, Pogromnacht. –
Aber die da die Synagogen angezündet haben, das waren doch nicht bewusst ›Rechte‹. Das kam bei denen aus dem Bauch raus. Die haben sich bedroht gefühlt. Dann haben sie was angezündet.
Aber das Positive –
die Wiedergutmachung nach dem Krieg, die Gedenktage, dass Juden einen eigenen Staat haben gründen können, was ja ohne die Vorgeschichte gar nicht möglich gewesen wäre, dieses Positive, das sieht keiner. Dass die Deutschen und die Österreicher sich nach der Katastrophe ›Drittes Reich‹ weiterentwickelt haben und Buße getan haben, das steckt doch alles in meinem Hakenkreuz unterbewusst drin –
wenn's eins ist.

Also, anti-rechts ist immer eine sehr einseitige Sache.
Und da unterstützt mich sogar diese Pegida.
Die haben eine ›Gabalier-Kreuz-Challenge‹ ins Leben gerufen. Und die haben ja wirklich nichts gegen Juden. Im Gegenteil. Die sind gegen Syrer und Iraker und so – also gegen Erzjudenfeinde. Mit ihren Demonstrationen distanzieren sie sich heute noch von den Nazis, von Judenhass und Pogrom. So muss man das sehen.

Außerdem heißt Hakenkreuz Swastika.
Und es wurde als Zeichen schon vor 10 000 Jahren in Asien und Europa gefunden. Bis heute ist es religiöses Symbol bei Hindus und Buddhisten.
Ich wollte da auf den unterschiedlichsten Glauben
der Menschen aufmerksam machen.
Die Rechten
haben doch das Hakenkreuz nur missbraucht.
Und deswegen soll man es nicht mehr achten??? Jetzt sag ich euch was:
Stell Dir vor, Deine Frau wird vergewaltigt.
Ächtest Du sie dann?
Tätst Du ihren Namen nicht mehr aussprechen?

Also, da haben wir's doch.
Das Hakenkreuz ist missbraucht worden.
Es wird Zeit, dass wir es als ehrwürdig anerkennen
wie eine vergewaltigte Frau.
Ich hab nix gegen vergewaltigte Frauen.
Also hab ich auch nix gegen vergewaltigte Hakenkreuze.«

Das Absurdum, das sich bei Blick auf dieserart Haltung ergibt, ist, dass sich zu Zeiten der Flüchtlingsströme Demokraten vehement gewehrt haben gegen Grenzschließungen.
Man hatte an die Freiheit gemahnt und an Europa.
Und was hatte eine AfD gezetert, man solle alles sofort dichtmachen. Denn die Flüchtlinge würden uns alles wegfressen. Sie würden uns überfallen und stählen uns den Sozialstaat.

Jetzt machten Seehofer und Deutschland für Corona die Grenzen zu. Da stellte sich eine Frau von Storch, AfD, in den Bundestag und jammerte: »Macht die Grenzen auf.« »Haltet die Grundrechte ein.« »Die Persönlichkeitsentfaltung und die Freizügigkeit stehen auf dem Spiel.«
Man wusste gar nicht,
wo sie auf einmal das Grundgesetz her hatte?
Da war plötzlich gar keine Angst mehr
vor Syrern und Irakern.

Und das ist das Wunderbare an Katastrophen:
Manchmal kommen auch die Rechten und Radikalen
zurück auf den Boden der Menschlichkeit.
Selbst wenn es nur zum Schein ist.

5. AKT

Die Welt in Corona – Irreleitungen in der Regierung

40 Wie willkürlich reagiert man auf eine Pandemie?

Bei aller Dominanz des Themas Corona
hat die deutsche Regierung zwar immense Summen freigesetzt für ökonomische Ausgleiche. Schien jedoch gleichzeitig nicht sonderlich interessiert zu sein an den drastischen psychischen und sozialen Folgen ihrer Maßnahmen.
Maßnahmen, um es wieder und wieder zu sagen, die teilweise auch dem Gutwilligsten als ungeheuer absurd vorkommen mussten.

Man erlebte die völlige Irrelation, wenn ein 13-jährger Schüler in der Straßenbahn saß und ihm der Bändel vom Mundschutz riss. Er sich dann ersatzweise das T-Shirt bis unter die Augen über den Mund zog. Und ein Kontrolleur eine Strafe verhängte von 60 Euro.
Oder wenn drei, vier Schüler zusammen im Schulhof standen, wo sie kurz vorher noch in der Klasse zusammengesessen hatten – zu der Zeit ohne Maskenpflicht – und sich unterhielten ohne Abstand und auch ohne Maske. Und eine Strafe erhielten von 250 Euro.
Wenn während der Sperrstunde im November 2020 in Berlin ab 23 Uhr in einem Restaurant fünf Gäste rechtzeitig zahlten und noch ihren Wein austrinken wollten, als die Kontrolleure um 23:07 die Gaststätte betraten und 25000 Euro Strafe notierten.
Das hatte keine Relation mehr.
Und wenn man diese Vorkommnisse verantwortlichen Regierungsteilnehmern erzählte, bekam man als Antwort:
»Man kann nicht alles glauben, was in der Presse steht.«
Das war irreal.

Die unbedingte Forderung nach Rücksicht auf diejenigen, die an Corona erkranken können unter Auslassung jeglicher Rücksicht auf diejenigen, die zudem und aufgrund der Maßnahmen leiden oder erkranken können, war irreal.

Und hatte wirklich die Anmutung einer Willkür.
Und einer Merkelkratie.

Es waren die Grundfehler in der Kommunikation.
Wer nicht litt an Corona, litt an den wirtschaftlichen, an den sozialen, an den seelischen Folgen.
Und das war immer noch die große Mehrheit.
Also ließ die Akzeptanz für die politischen Entscheidungen allmählich nach und der Überdruss an den täglichen Dauermeldungen zu Corona wuchs ebenso.
Weil der Mensch nicht geschaffen ist,
immer nur das Negative zu hören.
Auch wenn alles negativ ist.
Und wo zusätzlich RKI und WHO und »BILD« erzählten, dass, wie nun schon mehrfach zitiert, 85 Prozent der Infizierten keine Symptome hätten, fing man eben an, selbst zu entscheiden.
Eine Frau in Linz, Österreich, öffnete im Januar 2021 ihr Lokal trotz Lockdowns, weil sie sich keine Lebensmittel mehr kaufen konnte. Sie leugnete Corona nicht. Aber sie wog das Risiko ab:
Verhungere ich schneller, als dass ich coroniere?
Das Erstere würde eher passieren. Also hatte sie sich entschieden, erst mal nicht zu verhungern und sich für Corona einen Aufschub zu verschaffen. Um eine im Juni 2021 verhängte Geldbuße in Höhe von 5000 Euro hinnehmen zu müssen. Aber sie fühlte sich darüber hinaus natürlich seelisch verletzt, wenn sie mit ihrem Tun als Gefährder der Gesellschaft hingestellt wurde. Oder als Demokratiebekämpfer sogar in einen Topf geworfen wurde mit Rechten am Reichstag oder am Kapitol in den USA.

Gleichwohl:
Die Irreleitung der Regierung ist offensichtlich.

In Form etwa der Aufforderung zur Dauerbespitzelung in der Gesellschaft. Die Menschen wurden angehalten, diejenigen anonym anzuzeigen, die keinen Abstand einhielten oder die Maske unter der Nase trugen, weil ihnen sonst die Brille gegebenenfalls mit Atemluft beschlug.

Aus Angst vor dem Virus Corona ließen wir es wirklich zu, dass Gesetze, an die wir uns gewöhnt haben, ins Gegenteil verkehrt wurden.
Und fanden es ganz beruhigend:
Seit den Siebzigern gibt es in Deutschland auf Demonstrationen ein Vermummungsverbot.
Wer sich jetzt auf einer Demonstration befand, wurde hart bestraft, wenn er mit dem Mundschutz nicht vermummt war.
Wer sich AIDS einholt, verklagt seinen Sexualpartner wegen Ansteckung. Weist der aber nach, dass er gar kein AIDS hat, wird er freigesprochen. Wer in diesen Zeiten im Garten mit Freunden ohne Abstand grillte, den erwarteten bis zu 25 000 Euro Strafe oder bis zu fünf Jahre Knast. Auch wenn alle per Test, den es zur Zeit solcher Androhung bereits gab, nachwiesen, dass sie gar kein Corona hatten.

Denunziation aufgrund von Verdächtigungen ist nach §241a StGB strafbar. Wir wurden neuerdings aufgefordert, Nachbarn zu denunzieren, wenn wir sie verdächtigt, dass sie die Einschränkungen nicht einhielten:

In Baden-Württemberg hatte der Innenminister Thomas Strobl bereits im April 2020 die Bürger angehalten, Nachbarn anonym anzuzeigen, wenn sie beobachteten, dass andere Abstände nicht einhalten oder zu fünft statt zu zweit im Garten sitzen oder keine Maske tragen würden.
Es ginge darum, dass andere andere anstecken könnten und eventuell Menschenleben gefährden würden.
Es ging Thomas Strobl um die Möglichkeit.
Aber in der logischen Konsequenz hätte er dann die Bürger auch auffordern müssen, die Polizei zu rufen, wenn der Nachbar mit dem Küchenmesser Zwiebeln schneidet und die Gattin danebensteht. Der mag sie vielleicht nicht umbringen wollen. Aber man könnte es vermuten. Es ging Strobl doch

um die Möglichkeit. Und die Möglichkeiten stiegen zu der Zeit enorm, wo bekannt wurde, dass durch Corona häusliche Gewalt drastisch zunahm.
Herr Strobl verstand es vielleicht als Vorsichtsmaßnahme.
Für eine Vorsichtsmaßnahme jedoch ist eine Denunziation unzumutbar übertrieben! Und spaltet die Gesellschaft.
Man konnte froh sein, dass man nicht durch Verpetzen der Nachbarn angezeigt wurde, wenn man den Feindsender hörte.
Oh, Pardon, das war eine andere Zeit.

Ein Mord muss passieren, damit die Polizei etwas unternehmen kann. Der Einbruch muss passieren, damit die Polizei kommt. Es kommt kein Polizist, wenn man ihn ruft, weil jemand vor dem Haus steht und verdächtig hineinschaut und man vermutet, der könnte einbrechen.

So entstand das Bild, dass die Krise genutzt wurde, um den Staat abzuschaffen. Dass die Politik die Bürger aufeinanderhetzt, damit die sich dem Staat unterwerfen.
Man hatte auf einmal das Gefühl, man brauche gar keine AfD. Deren Ziele bekäme man ohne diese besser hin.
Man stellte Menschen, die gegen ein Kontaktverbot verstoßen, auf eine Stufe mit Schwerverbrechern.
Und Thomas Strobl musste sich gar keiner Schuld bewusst sein.
»Denn«, stärkte Regierungschef Winfried Kretschmann seinem Innenminister im Südkurier am 1.4.2021 den Rücken, »ich sehe darin in keinster Weise eine Aufforderung zum Denunziantentum, und dass jetzt jeder seine Nachbarn belauscht, sehe ich überhaupt nicht«, und »ich möchte mal wissen, was dagegen einzuwenden ist, Partys bei Nachbarn zu melden«.
Er hat dies bis heute nicht
als makabren Aprilscherz aufgelöst.
Und das hieß realiter:

Denunziation wurde wieder zur Staatsräson erhoben.
Und zur Staatsbürgerpflicht.

Und die gesellschafts-psychologische Folge war:
Der sogenannte Kleine Mann
bekam Macht über andere kleine Leute.

Und wurde schnell benutzt von Radikalen.
Das hatten wir schon einmal.

Und damit die Regierung ablenkte von all diesen rechtsstaatlichen Verunstaltungen, lobte sie die Gesellschaft, wie brav die sich an diese neuen, ungewohnten Gesetze hielt. Und wer die Helden waren:
die Pfleger und die Kassiererinnen.
Und die sollen dafür entlohnt werden.
Sie bekamen ab sofort dauerhaft das Doppelte von ihrem geringen Gehalt??? Nein, nicht so protzig, bitte. Das hätte diese Pfleger und Kassiererinnen in ihrer Bescheidenheit beschämt, den Menschen selbstlos zu dienen. Nein, sie bekamen einen symbolischen Betrag von 1 500 Euro.
Einmalig.
Und einen Applaus der wenigen Abgeordneten im Deutschen Bundestag im Reichstagsgebäude. Sonst hätte man ihnen ja das Gefühl gegeben, man würde denken,
sie hätten für uns alle alles nur gemacht für Geld.

41 Interview 5 zur Klage der Gegenwart

Mit Mario Hancke im »Porta-Magazin« am 10.3.2021.

MH Die Kunst- und Kulturbranche leidet seit einem Jahr unter den Auswirkungen von Corona. Wie sind Sie durch die letzten zwölf Monate gekommen?

MR Ich persönlich bin bisher ganz gut durch die Krise gekommen.
Ich habe zwar inzwischen über 100 Vorstellungen abgesagt bekommen. Wie alle anderen Kollegen auch. Aber ich kann meine TV-Sendung »Mathias-Richling-Show« im SWR machen. Ich habe meine Mitarbeiter nicht auf Kurzarbeit setzen müssen. Wenn ich mich also empöre über Unzulänglichkeiten und Unfähigkeiten und Missmanagement und Versäumnisse und inzwischen auch über die Gier in der Bewältigung dieser Krise, dann weil ich entsetzt bin über die Ohnmacht und Trostlosigkeit vieler Kollegen und Freunde, die vor der Pleite stehen oder vor dem Aufgeben ihres Berufes. Es macht sich eine Depression breit in der Gesellschaft, die schwer erträglich ist.

MH Im April soll es endlich wieder mit Auftritten vor Publikum losgehen, sofern die Inzidenzwerte diese Pläne nicht durchkreuzen. Wie wichtig ist Ihnen der Kontakt zu den Theaterbesuchern?

MR Der ist ausgesprochen wichtig.
Aber er ist genauso wichtig für die Zuschauer.
Der Mensch ist ein Gefühlswesen, das Nähe braucht, wenn es nicht sozial und seelisch verkümmern will. Wir haben schon das Problem, dass Kinder heutzutage die meiste Zeit vor PC oder Smartphone sitzen,

statt wie vor Jahrzehnten im direkten Kontakt mit Gleichaltrigen ›auf der Straße‹ oder dem Spielplatz, dem Wald oder dem Park herumzutollen. Nun droht der Mensch vollends zur aseptischen Kreatur zu verkommen.

MH Während in den letzten Monaten Klarheit darüber bestand, dass es keine Auftritte vor Publikum geben würde, sehen die aktuellen Regelungen vor, dass Theater bei bestimmten Inzidenzwerten betrieben oder nicht betrieben werden dürfen. Macht das die Planungen für Sie als Künstler nicht noch schwieriger?

MR Ja, natürlich. Jedes Gastspiel braucht für Werbung, Plakatierung, Bekanntmachung eine teilweise monatelange Vorlaufzeit. Sie können nicht heute sagen, morgen machen wir die Theater wieder auf und übermorgen sind alle Zuschauer da.

Abgesehen davon, dass durch die Holzhämmer von Karl Lauterbach, der jeden kleinsten Hoffnungsschimmer, der avisiert wird, sofort beantwortet mit ›dritte, vierte, achte Welle!!!‹, die Menschen teils immer noch so verschreckt werden, dass sie gar keine Tickets bestellen. Selbst wenn Öffnungen jetzt angekündigt würden. Wobei ich betonen möchte, dass dieses Hoffnung-Geben in dieser Krise bis vor Kurzem völlig außen vor blieb. Den Satz »Wir schaffen das« aus der Flüchtlingskrise von 2015 hat Frau Merkel nicht wiederholt. Und er wäre hier wichtiger als damals.

MH Sie sind ein scharfer – und scharfsinniger – Kritiker der Corona-Maßnahmen, haben aber auch deutlich gemacht, dass Sie kein Corona-Leugner oder -Verharmloser sind. Vor ein paar Wochen hätte ich noch gesagt, dass man sich mit einer solch differenzierten Positionierung trotzdem heftiger Kritik aussetzt. Hat sich das inzwischen verändert? Nehmen Sie wahr, dass die Bürgerinnen und Bürger ungeduldiger und kritischer gegenüber den Maßnahmen werden?

MR Auf jeden Fall. Das ist deutlich zu spüren.

Weil die Angst vor einem Virus sich sukzessive verlagert in die Angst vor einem wirtschaftlichen oder gesellschaftlichen Ruin. Weil sich die Klein-Unternehmer, die Gastronomen, die Künstler, Sänger, Schauspieler, Einzelhändler inzwischen sagen, ich nehme eher das Risiko einer Erkrankung auf mich, bevor ich mich aus dem Fenster stürzen kann, weil ich nichts mehr habe. Denn wenn, dann habe ich eventuell mit Corona eine über 98-prozentige Überlebenschance (siehe nächste Antwort).

MH Ich bin etwas aufgeschreckt, als Sie in ihrer »Mathias-Richling-Show« sagten, es gebe sicher eine freiwillige Vereinbarung zwischen Presse und Regierung, dass die Presse die Entscheidungen der Regierung im Katastrophenfall nicht infrage stelle. Die Presse wird aus bestimmten Kreisen als Systempresse oder Lügenpresse beschimpft und Redakteure werden bedroht. Glauben Sie wirklich, dass die Presse zu unkritisch ist?

MR Nein, das glaube ich im Prinzip ganz gewiss nicht. Allerdings war ich von Anfang an verwundert, dass bei der aktuellen Lage nicht mehr kritische Betrachtung auf dem Programm stand. Zumal ich den Rundumschlag der Maßnahmen – wie inzwischen viele andere seriöse Fachleute und Beobachter auch – nicht verstanden habe.

MH Wenn Medien als Systemmedien verunglimpft werden, bezieht das die öffentlich-rechtlichen Rundfunkanstalten mit ein. Die »Mathias Richling Show« läuft im SWR. Wie werden Sie auf Linie gebracht?

MR Ich werde überhaupt nicht auf Linie gebracht. Und ich persönlich habe die, wie Sie sagen, Systemmedien auch nie verunglimpft. Mir war zwar in dieser Corona-Zeit sowohl in News wie in Talks die Berichterstattung zu einseitig. Aber ich habe mir das ja als Notwendigkeit erklärt. Auch wenn ich damit nicht einverstanden sein muss und es als systemirrelevant kritisieren darf, wenn ich diese Kritik gut begründe. Das kann ich in der »Mathias-Richling-Show«. Und der SWR, respektive seine Verantwortlichen, haben mich darin immer gefördert und unterstützt. Weswegen man schon deswegen ›die Medien‹ nie in einen Topf werfen darf.

MH Vor ein paar Monaten Philipp Amthor, jetzt Georg Nüßlein und Nikolas Löbel – als wenn es nicht schon so genug Politikverdrossenheit geben würde, müssen immer mal wieder ein paar Experten ihren eigenen Vorteil anstelle des Allgemeinwohls in den Vordergrund stellen. Bringt Sie so etwas noch aus der Fassung?

MR Allerdings. ›Aus der Fassung bringen‹, ist noch milde formuliert. Es empört mich ungeheuer. Vor allem die Unverfrorenheit, eigenen Lug und Betrug gar nicht mehr verbergen zu wollen. Wo doch bekannt ist, dass durch Internet und neue Medien, durch Facebook, Twitter, Instagram jedes Handeln und Tun vor allem von Leuten, die in der Öffentlichkeit stehen, umgehend durchleuchtet und aufgedeckt wird. Die Chance, heute erwischt zu werden, ist also unendlich viel größer als vor 20 oder 30 Jahren. Und dennoch leistet man sich diese Flut von Missbräuchen? Das wird man nie abgeklärt beurteilen können.

MH Grundsätzlich gefragt: Ist das politische Kabarett auch ein Ventil, durch das man die Verärgerung über den alltäglichen Wahnsinn wenigstens in humorvoller Weise ablassen kann?

MR Ja.

MH Ich habe den Eindruck, manche politischen Gestalten kann man noch so überspitzt darstellen und es reicht doch nicht an die Absurdität des Originals heran. Geht Ihnen das auch so?

MR Absolut. Jedoch muss man sagen, dass der Zuschauer in der Betrachtung der originalen Absurdität diese oft gar nicht erkennen kann. Weil er sie instinktiv gar nicht für möglich hält.

EPILOG – Die Welt nach Corona

42 Alte Themen – neue Sprachen

Ganz allmählich,
mit der Rücknahme von Einschränkungen und der allmählichen Öffnung des früheren Lebens, knüpften wir an an die Zeit vor Corona.
Die Bundestagswahl wurde auf einmal wieder interessant.
Die Fußball-Europameisterschaft
dominierte kurz das Leben.
Die Folgen des Brexit waren wieder in den Schlagzeilen.
Die Ostsee-Pipeline schaffte es nach vorne in den News.
Die ersten Meldungen der Nachrichten in Radio und Fernsehen befassten sich wieder mit Attentaten, Diktatoren.
Oder dem Klima.
Vor allem, nachdem unvorstellbare Regenmassen Teile von Nordrhein-Westfalen und Rheinland-Pfalz apokalyptisch verwüstet hatten.
Und wir diskutierten wieder über Rassismus.

Und knüpften wir da an,
wo wir uns schon vor Corona verzettelt hatten:
Bei sprachlicher Ungenauigkeit.
Wir unterstellen wieder selbst im Minimalfall Diskriminierung. Und gefallen uns, andere darauf hinzuweisen, in möglichst lehrerhaftem Ton, dass man so vieles nicht mehr sagen darf. Und zwar nicht nur aus inhaltlichen, sondern vor allem auch aus formalen Gründen.
Es wird jedes Wort auf die Goldwaage gelegt.

Für den Dialekt ist diese Entwicklung übrigens eine Katastrophe.

Sagt man nämlich in Schwaben ›mei Alte‹, schreien alle Emanzipatoren laut auf. Aber Eingeborene wissen, dass diese Formulierung vor allem eine Liebkosung darstellt.
Genauso wie ›Seggel‹ oder ›Granatenarschloch‹.

Gerade deswegen will Winfried Kretschmann Dialekte an der Schule noch mehr fördern im neuen Koalitionsvertrag mit der CDU seit 2021. Damit es den Sprachmoralisten nicht mehr so auffällt.

Sprachmoralisten,
die vor einiger Zeit beispielsweise in verbale Wutanfälle verfielen, als die Grünen-Politikerin Bettina Jarasch freimütig erzählte, sie habe als Kind ›Indianerhäuptling‹ werden wollen. Man empörte sich in einem Maße, als hätte Bettina Jarasch mindestens Kinderpornografie verbreitet.
Dabei weiß jeder, dass der Begriff ›Indianer‹ in der Kindheit vor 30 oder 40 oder 50 Jahren ausschließlich positiv besetzt war. Im Ertragen von Unwegsamkeiten war jedem Kind der Satz geläufig:
»Ein Indianer kennt keinen Schmerz.«
Das soll – heutzutage als Zitat rückwirkend erzählt – rassistisch sein? Will man uns von der selbst ernannten Sprach-Bürgerwehr zwingen, von Vergangenem zu erzählen:
›Ein native american kennt keinen Schmerz?‹
Sollen Kinder ›Cowboy und american native‹ spielen?
Oder reicht es, wenn sie erwachsen sind, sich selbst darüber klar zu werden, was diese Bezeichnung historisch bedeutet?

Wenn Kennedy von ›Negern‹ sprach, ist das Geschichte, die man heute erläutern und mit Zusätzen versehen kann. Aber welche Affektiertheit zeigt sich, wenn man einen entsprechenden Kennedy-Ausspruch sendet, und ihm im gegebenen Fall die Formulierung ›N-Wort‹ synchronisiert oder einen Piepser über seinen Satz legt!

Und warum dann nur so inkonsequent?
Die Amerikaner haben an den Ureinwohnern Nordamerikas einen Ethnozid begangen und diese Urbevölkerung um ein gewaltiges Maß reduziert. Wieso lassen wir es immer noch zu, von ›Amerikanern‹ zu sprechen.
Und reden nicht vom ›A-Wort‹, wenn wir über sie berichten?

Wo doch Amerikaner per se für ›Indianer‹ heute noch eine
zutiefst praktische und rassistische Beleidigung darstellen?

Man kann Geschichte nicht so verbiegen und umschreiben,
dass sie in die heutige Zeit passt.
So wie man es unternimmt bei der Streichung heute fragwürdiger
Formulierungen in Kinder- und Erwachsenenbüchern.
Da war das Geschrei über Bettina Jarasch einfach nicht mehr Anti-Rassismus, sondern konnte nur noch verstanden werden als pures gesellschaftliches Gewohnheitsgeplänkel. Zum Glück hatte sie nicht noch erzählt, dass sie als Kind gerne ›Negerküsse‹ aß. Welches Kind hat seinerzeit schon gewusst, was ›Neger‹ bedeutet? Frau Jarasch hätte ja auch da von der Vergangenheit erzählt.
Durfte sie das nicht mehr?
Weil heute bestimmte Begriffe zu Recht als diskriminierend besetzt sind?
Es aber früher bei Weitem nicht waren?

Im Januar 2020 haben sich Dutzende von Schriftstellern, Denkern, Meinungsführern et cetera in einem offenen Brief gegen solch aufkommende Intoleranz gewandt, indem sie schrieben, dass sich auch in unserer Kultur zunehmend eine Atmosphäre der Zensur ausbreitet. Künstler, Schriftsteller und Journalisten würden nichts mehr riskieren, weil sie »um ihren Lebensunterhalt fürchten müssen, sobald sie vom Konsens abweichen und nicht mit den Wölfen heulen«.

43 Jung*In, Divers*In, Queer*In, Frau*In

Diese Diskussionen werden geführt mit einer Wucht, als wolle man mit Gewalt nachholen, was einem durch Corona verwehrt wurde an Expressivität und an Wut, die man einfach nur mal rausschreien möchte.

Die Sensibilität für Minderheiten ist einer Sprachformalität gewichen. Und mit einem regelrechten Manierismus wird neuerdings schnalzend das Sternchen gesprochen zwischen einem maskulinen Substantiv und dem angehängten femininen ›Innen‹.
Wer es nicht praktiziert, wird mindestens mit Blicken, wenn nicht mit abfälligen Bemerkungen oder sogar Beschimpfungen und Diffamierungen bedacht.
So lange bis man zu der Überzeugung kommen muss,
dass offenbar Rassismus oder Diskriminierung
sich nur verhindern lässt,
indem man sie verlagert:
Auf Weiße, auf Männer, auf Ältere, auf Menschen, die eine vom Mainstream abweichende, wenn auch nicht einmal radikale Meinung wagen zu haben.

So wird Sprache allmählich zum Unwort des Jahres.
Weil sie nicht mehr sprechbar ist.
Nur die Jugend mag damit auf dem besten Weg sein.
Läuft doch bei ihr ohnehin nur noch alles ab mit Kürzeln wie ›LOL‹, ›YOLO‹, ›OMG‹, ›ROFL‹ und mit Emojis.
Denn ob auf der Straße, am Esstisch, im Freundeskreis – Kinder tippen nur noch Akronyme in ihr Smartphone.

Etwas Falsches sagt da niemand mehr.
Weil gar keiner mehr spricht.
Denn wenn man spricht, muss man inzwischen höllisch aufpassen, dass niemand benachteiligt und diskriminiert wird. Insbesondere eben im Verhältnis zwischen Mann und Frau. Was passiert aber, wenn man es auf die Spitze treibt und warnt: ›Wegen Feueralarm müssen alle Bewohner das Haus verlassen.‹ Bleiben dann die Damen der Schöpfung drin und verbrennen, nur weil sie als Bewohner*Innen nicht extra erwähnt werden?
Da bringt die Gleichstellung der Frau gerade sprachlich nichts. Da blockiert Gleichheit sogar. Wenn kleinste Begriffe entmannifiziert werden wie Mann und Herr: Man macht nicht, frau macht.
Kein Wunder, fühlen sich nach den Frauen immer mehr Männer diskriminiert im Geschlechterkampf.

Wie man gut nachvollziehen kann an Saskia Esken, die – falls es den meisten noch immer nicht bekannt ist – als SPD-Semi-Vorsitzende seit Dezember 2019 durch die deutschen Lande zieht.
Sie hatte sich vor einiger Zeit eine Art Streit gegönnt mit Wolfgang Thierse. Der nach ihrer Ansicht nicht verstehen wollte, dass sie sich aufregte, dass er sich aufregte, dass es eine Identitätsdebatte gibt und er nicht mehr wusste, wie er jemanden ansprechen soll, angesichts der Vielzahl von Geschlechtern.
Und wenn Wolfgang Thierse eine selbstverständliche Umbenennung von Plätzen hinterfragte, wenn dahinter Rassisten stehen. Und wenn Thierse sagte, die Reinigung von Geschichte passe nicht zu Demokratie und Diskurs. Wir bräuchten, sagte er, Stolpersteine der Geschichte. Nein, bemerkte Frau Esken, das bräuchten wir eben nicht. Wir seien endlich angekommen in einer Zeit, wo wir die Chance nutzen sollten, Geschichte zu bereinigen, zu nivellieren, auszumerzen und menschlich aseptisch zu generieren, gab sie zu verstehen.
Denn wenn wegen antijüdischer und antirassistischer Bemerkungen von Otto Bismarck Statuen, die ihn darstellen, abgebaut werden, wenn Bilder im Louvre mit nackten Frauen von Botticelli und Raphael abgehängt werden sollten wegen Sexismus, dann wäre ja nicht einzusehen, warum Theater noch öffnen dürfen, in denen Stücke aus den USA gespielt werden,

die geschrieben wurden, als es da noch Sklaven gab. Oder warum Opernhäuser nach Corona nicht geschlossen bleiben sollen, die Werke von Verdi, Donizetti und Rossini auf dem Spielplan haben aus einer Zeit, in der Frauen nicht wählen durften.
Die neue Moral darf da keinen Unterschied machen.
Und Corona ist da durchaus hilfreich.
Da müssten jetzt alle Frauen und Frau*Innen zusammenstehen.

Deswegen wäre auch die Umbenennung der Berliner Haltestelle ›Onkel Toms Hütte‹ so wichtig. Man konnte jetzt sagen, das sei ein Witz, weil ›Onkel Toms Hütte‹ ein antirassistischer Roman sei. Und die Planer mit der Umbenennung eigentlich ihren eigenen Rassismus durchgesetzt haben, wenn sie was Antirassistisches vernichten.
Aber die Menschen lesen heute keine Bücher mehr.
Also müssen wir den Analphabeten in der Gesellschaft,
den Ungebildeten Recht geben und nachgeben,
wenn sie bei ›Onkel Toms Hütte‹ eben nicht literarisch,
sondern rassistisch denken.
Es könnte rassistisch sein.
Das reicht.

Deswegen kann es auch nicht mehr sein, dass in der Oper ein Weißer einen Schwarzen spielt, indem er sich schwarz anmalt. Weil ein ungebildeter Schwarzer, der von Kunst und von Schauspiel keine Ahnung hat, sich dadurch provoziert und herabgesetzt fühlen könnte.
Es geht immer um die Möglichkeit.
Das ganze Leben ist nur eine Möglichkeitsform.
Und wir versuchen, so viele Möglichkeiten wie möglich auszuschalten. Und deswegen wurde Frau Esken so verstanden, als ob sie dies gesagt hätte:

44 Saskia Eskens ungedachter Einwand

»Wenn Sie mich jetzt ansprechen mit Frau Esken, könnte ich mich durchaus diskriminiert fühlen, weil Sie nicht in Erwägung gezogen haben, dass ich auch ein Mann sein könnte in Frauengestalt. Allein die eigenmächtige Festlegung von Ihnen von mir als Frau beleidigt mich in der Hinsicht, dass Sie mir nichts Anderes als Frau zutrauen. Damit unterstellen Sie mir einseitig keine Variabilität und keine Flexibilität.
Sie unterstellen mir einen Mangel an Qualifikation, die ich als Mann haben könnte, wenn ich einer wäre. Wenn Sie genau wüssten, dass ich keiner bin, wüsste ich ja, dass Sie das wüssten, und hätte keine Veranlassung, eine Missachtung zu unterstellen.
Wenn ich das aber nicht wüsste, dass Sie es wissen, bleibt ein bitterer Nachgeschmack und eine Beleidigung, mich als Frau zu deklassifizieren.
Und wenn Sie es tatsächlich nicht wissen, gebietet es der Anstand, dass Sie entweder mich ansprechen als Herr, Frau oder Es Esken oder Sie bitten vor weiterer Kommunikation um eine Leibesvisitation.«

45 Nebenschausätze

Der Sprachkulturismus zog natürlich noch viel weitere Kreise, wenn wir an den Vorfall denken, als der Fußballer Jens Lehmann im Mai 2021 einmal über einen dunkelhäutigen Fußball-Kollegen, der ein Moderations-Engagement im deutschen Fernsehen angetreten hatte, fragte, ob der nun ein »Quotenschwarzer« sei, und dies mit einem grinsenden Smiley versah. Was jedoch weder ironisch noch anerkennend, sondern ausschließlich rassistisch von diesem Dennis Aogo und der Gesellschaft interpretiert worden war.

Es wurde nicht mal in Erwägung gezogen, ob von Lehmann vielleicht Alice Schwarzer gemeint gewesen sein konnte. Was die Sache aber auch nicht besser gemacht hätte. Da Lehmann dann sogleich als frauenfeindlich geoutet worden wäre.

Er kam also aus der Sache nicht mehr raus.

Auch nicht, als er anmerkte, als ›Schwarzer‹ bringe Aogo doch Quote. Und das habe er zum Ausdruck bringen wollen. Und das sei im Grunde eine Wertschätzung.

Nein, es war zu spät.

Es ging um die Diskriminierung von Aogos dunkler Haut.

Obwohl er ›Quotenneger‹ gar nicht gesagt hatte.

Aber auch ›Schwarzer‹ geht heutzutage nun mal nicht mehr.

Wann wird es eigentlich endlich unstatthaft,
Deutsche oder andere westliche Bürger
immer noch ›Weiße‹ zu nennen?
Nur als Zwischenfrage.

Es gilt, sobald hier in Deutschland jemand einer Minderheit angehört, sollte man gar nichts sagen über ihn.
Kommunikation mit Minderheiten wird dann zwar einseitig.
Aber nicht, wenn die Minderheit auch nichts sagt.
Denn wenn sie was sagt, wird auch das doppelt und dreifach ausgelegt. Dennis Aogo selbst hatte zum Beispiel nämlich einmal gesagt, seine Kollegen sollen Fußball trainieren bis zum ›Vergasen‹.
Mit unserer deutschen Vorgeschichte und dem Vergasen der Juden war dies eine Unvorstellbarkeit. Er hatte damit zwar praktisch mit dem Jens Lehmann gleichgezogen und beide waren quitt, mochte man denken.
Aber nicht über den Tag hinaus.
Und da rutscht einem doch schnell so eine Bemerkung raus, wenn man die deutsche Vorgeschichte nicht kennt. Und was soll man von Menschen schon denken, die sich unterhalb eines gewissen Bildungsgrades befinden? Deswegen ist einer ja nicht gleich Rassist oder Minderheitenschänder.
Am Ende war vielleicht eigentlich alles sogar nur eine Überassoziation, weil Aogo doch seine Kollegen gar nicht vergasen wollte.
Sondern nur wollte,
dass sie so viel trainieren, bis die Gase ausstoßen.
Eine geschmacklose Vermutung.
Die aber dem Niveau der Debatte gerecht wird.
Wenn Gase so missverständlich sind,
muss man sie eben aus dem Grundgesetz herausstreichen.
Da stehen sie zwar gar nicht drin.
Doch dann wird es höchste Zeit, dass man sie hineinschreibt.
Damit man sie daraus entfernen kann.

Das eigentliche Problem ist auch hier, dass das Internet unser aller Wohnzimmer geworden ist. Und jede kleinste Bewegung und jede kleinste Äußerung werden ohne jede Gnade und ohne jede Akzeptanz einer Entschuldigung auf die Goldwaage gelegt. Es wird hingerichtet wegen jeder minimalen Bemerkung.

46 Kommentiere, was Du nie gehört hast!

Für den Autor dokumentiert sich das in einem Erlebnis von vor 40 Jahren. Es ging um eine Szene, die sich gegen gezeigte Gewalt im Fernsehen wendet. Und zwar an den Beispielen der Attentate auf Ronald Reagan und auf den Papst, die mit Kamera-Zufahrten und sekundenlanger Einstellung im Fernsehen dokumentiert wurden. Und auch an dem Beispiel des Zeigens von Brutalität anhand des Unfalltodes des Rennfahrers Gilles Villeneuve, bei dem die Kamera auf den Kopf zufuhr, damit noch im Tod die Werbung auf seinem Helm gezeigt werden konnte für das Produkt, für das er fuhr.

Es ging in dieser Szene ausschließlich um diese präsentierte Gewalt im Fernsehen. Heute kann man sich diese Kritik nicht mehr vorstellen. Damals war die Form der Berichterstattung ungewohnt. Es ging aber in dieser satirischen Kommentierung in keiner Weise um Kritik an den beschriebenen Personen.

Daraufhin bekam der Autor von einem Zuschauer eine Postkarte zugeschickt, auf der als Resümee nach einer kurzen Einleitung der Satz zu lesen war: »Als Sie das Wort Papst sagten, konnte ich vor Aufregung schon nicht mehr zuhören.«

Das zieht sich inzwischen durch jede Kritik, die heute im Netz verbreitet wird: Man hört nicht zu. Aber man urteilt und schlägt umgehend zurück.

47 Höre nicht zu, wenn Du bereits kommentiert hast!

Man hört oder liest von Jens Lehmann das Wort ›Quotenschwarzer‹ und schlägt zurück, ohne auf mehr oder weniger gelungene Ironie zu achten, oder eine Unkenntnis, Unbedachtheit oder Leichtsinnigkeit zu bedenken.

Oder wie es auch die Weiterführung dieser Bezeichnungen durch den Tübinger Oberbürgermeister Boris Palmer erfuhr, der dann am 6.5.2021 ein Zitat von Dennis Aogo in Facebook postete inklusive Worten wie ›Rassist‹ und ›Negerschwanz‹.
Was Palmer schrieb, war ein Zitat und er wollte es ironisch gemeint haben.
Aber er bekam eben auch gleich Rassismus vorgeworfen.
Weil er, um Ironie zu benutzen, nicht Kleinkünstler genug sei.
Und weil die meisten Deutschen
Ironie eben nicht verstehen würden.
Er hatte zwar nur als Anklage wiederholt, was woanders schon
schwarz auf weiß geschrieben stand.

Aber auch diese Formulierung ›schwarz auf weiß‹
ist hart an der Grenze zum Rassismus.
Weil ›schwarz auf weiß‹ rein sprachlich und bei nicht genauem Zuhören ja impliziert, dass Schwarze auf Weißen herumtrampeln und sie unterdrücken. Und dass sie sie benachteiligen. Das wäre eine infame Verfälschung der Geschichte. Wo es grade umgekehrt der Fall gewesen ist.
›Schwarz auf weiß‹ meint a priori zwar keine Afrikaner.
Aber was zwischen den Zeilen steht, ist entscheidend.
Und das drückt auch hier den Alltagsrassismus aus.
Und der muss ausgerottet werden.

Man konnte das nicht mehr angehen mit einer etwas differenzierteren Betrachtung der Einzelfälle. Dafür fehlten den Grünen, zu denen Boris Palmer noch gehörte – zumindest auf dem Papier –, offenbar die Argumente. Man wollte nicht lange diskutieren und provokante Behauptungen sachlich widerlegen. Denn die Grünen lagen zu diesem Zeitpunkt in Umfragen bei großartigen 28 Prozent. Da konnte man keine offenen Debatten führen, ohne einen Teil der Wähler zu verlieren.
Das macht ja eine Volkspartei aus.
Die kann einfach gegensätzliche Meinung nicht so gut verkraften.
Weil Meinung auslegbar ist.

In der CDU ließ man zu gleicher Zeit Meinung schon länger zu.
Auch wenn sie auslegbar war.
Da gab es bei dieser CDU einen Hans-Georg Maaßen im Programm. Und einen Andreas Scheuer.
Die hielt man aus, weil sich die CDU
auf dem Weg zur Minderheit befand.
Da brauchten sie alle denkbaren politischen Absurditäten.
Der gesunde Menschenverstand hätte gewiss den Grünen vorgeben müssen, Palmer reden zu lassen. Dann wäre der Shitstorm bei ihm geblieben. Statt dass die Grünen selbst den Teufelsaustreiber spielen und mit Palmer in Shitstorms hineingezogen wurden.
Die CDU hatte inzwischen so wenig Prozente,
dass sie sich vielleicht
mehr gesunden Menschenverstand leisten konnte.

48 Wie macht man ›Rasse‹ zur Formsache?

Die Bevorzugung von Minderheiten in Form einer Quote – einer Frauen-Quote, Diversitäts-Quote, Migranten-Quote oder welcher Quote auch immer, unter eventuellem Ausschluss von gegebenen Mehrheiten – führt dazu, dass unter Umständen nach Qualität und Kreativität in keiner Weise mehr gefragt wird, sondern ausschließlich nach Zugehörigkeit zu einer Minderheitengruppe oder einer diskriminierten Gruppe. Und das führt zu der Conclusio, dass Rassismus und Diskriminierung im menschlichen Bewusstsein nicht ausrottbar sind.
Sondern sie sind nur zu verschieben.
Denn wenn gesagt wird, dass Frauen, Diverse, Schwule, Muslime et cetera in jeden Fall bevorzugt werden müssen unter gegebenenfalls Ausschluss von Weißen oder Alten, dann haben wir es doch zu tun mit einem Rassismus gegen Alte respektive Weiße?!
Und der Rassismus oder die Diskriminierung von Alten ist ja seit Jahrzehnten gang und gäbe. Zumindest in Deutschland. Ist es doch für 55- oder sogar 50-Jährige schier unmöglich, auf dem Arbeitsmarkt vermittelt zu werden.
Das heißt, auch mit der neuen Diversitäts-Politik werden weiterhin Menschen aufs Erbärmlichste diskriminiert.
Man vergilt Rassismus mit Rassismus,
Diskriminierung mit Diskriminierung,
Gleiches mit Gleichem.

So haben wir es zudem zu tun mit einer umfassenden Sippenhaft.

Beides Vokabeln und Praktiken, die beweisen, dass Rechtsradikalität, nationalsozialistisches Gehabe und privat praktizierter Faschismus keine Attribute oder Appositionen sind, die ausschließlich den ›Rechten‹ oder den Neonazis zugeordnet werden können. Auch die, die sich als fortschrittlich, modern, gendergerecht und gleichberechtigt ausgeben, können dies durchaus erfolgreich exerzieren. Die wahren Nazis sitzen mittlerweile längst nicht mehr nur bei AfD, Reichsbürgern und Ewig-Gestrigen.

Und so wird die großartige, aber auch selbstverständliche Intention, dass nicht benachteiligt oder nicht verhöhnt werden oder einen Job nicht bekommen darf, nur weil er schwarz, gelb, schwul, divers, Frau oder Muslim ist, ins absurde Gegenteil verkehrt, indem es in der Umsetzung in vielen Institutionen und Betrieben zu heißen beginnt:
›Nicht benachteiligt oder nicht verhöhnt werden oder einen Job bekommen darf nur, wer schwarz, gelb, schwul, divers, Frau oder Muslim ist.‹
Wer nicht zu diesen Kategorien zählt, darf offensichtlich selbstverständlich benachteiligt
oder verhöhnt
oder ausgeschlossen werden.
Die gesamte Debatte ist zu einem gnaden- und wertlosen Papierkram verkommen, der von Grund auf bis hin zu neuer Gesetzgebung nichts anderes ist als die Zementierung einer Binsenweisheit. Ist doch bereits im Grundgesetz von 1949 in Artikel 3(3)
unmissverständlich und ausführlich formuliert:

»Niemand darf wegen seines Geschlechtes, seiner Abstammung, seiner Rasse, seiner Sprache, seiner Heimat und Herkunft, seines Glaubens, seiner religiösen oder politischen Anschauungen benachteiligt oder bevorzugt werden. Niemand darf wegen seiner Behinderung benachteiligt werden.«

Aber auch diese Grundgesetz-Formulierung ist zu Teilen bereits einer überpedantischen Kontrolle unterworfen. Plant man doch seit einiger Zeit, das Wort ›Rasse‹ aus dem Grundgesetz zu entfernen.
Weil Sprache Denken hervorruft.
Das stimmt.
Und Rassismus muss auch aktiv verlernt werden.

Selbstverständlich.
Aber gelingt das wirklich zuvorderst,
indem ›Rasse‹ als Begriff und Kategorie eliminiert ist?
Damit es eben keine Diskriminierung mit dem Wort ›Rasse‹ gibt?
Dann muss natürlich für ›Rasse‹ ein anderes Wort ins Grundgesetz geschrieben werden. ›Ethnie‹ würde sich vielleicht anbieten.
Nur heißt ›Rassismus‹ dann eben künftig ›Ethnieismus‹.
Es wird zu einer Formalie.
Weil auch wieder zuerst die Symptome behandelt werden.
Und nicht die Ursachen.
Denn auf diesem Weg muss man festhalten:
Rassismus wird reduziert auf sich als Vorstellung.
Er stellt sich dar als eine Kopfsache. Man streicht ihn aus dem Grundgesetz und denkt, prompt hört der Hass auf gegen Schwarze und Nicht-Europäische?

Wenn es so einfach ist, müsste man dann aber nicht auch konsequent sein und aus dem Strafgesetzbuch herausstreichen:
›Auf Mord steht Lebenslänglich‹?
Weil das Wort ›Mord‹, wenn es im Gesetz fortbesteht, als Begriff und Kategorie den Mörder doch erst hervorruft, oder? Mord sollte doch auch aktiv verlernt werden, oder nicht? Und da Sprache Denken hervorruft, provoziert das ausgesprochene oder ausgeschriebene Wort im Gesetz den Täter, der dadurch überhaupt erst weiß, dass es Mord gibt.
Nein, im Ernst:
Wir verlernen Rassismus nicht,
indem wir ›Rasse‹ aus dem Wortschatz streichen.
Oder sind nomadenhaft Unsesshafte glücklicher und undiskriminierter, seit wir statt ›Zigeunerschnitzel‹ ›Sinti-und-Roma-Kotelett‹ bestellen? Man würde nur das Wort ›Rasse‹ aus dem Grundgesetz streichen, damit man sein Gewissen beruhigt.
Aber die Folgen nicht bedenkt.

Zumal die Wortwahl ›Rasse‹ im Grundgesetz ja nicht wissenschaftlich angedacht war. Sondern es war der Gegenentwurf zum Vokabular der Nazis

wie ›Rassenhygiene‹, ›niedere Rasse‹ und so weiter und so weiter. Gemeint war, die Pseudowissenschaft der Nazis anzuprangern.
Jetzt wurde man stutzig nach über 70 Jahren.
Demokratie und Volksempfinden dauern eben oft lange,
bis sie sich gänzlich entfalten.
Nur endet diese Entfaltung nie.

Denn wenn man ›Rasse‹ aus dem Grundgesetz nimmt, weil die Sensibilität zum Wort ›Rasse‹ heute eine andere ist als 1949, muss man fragen dürfen, was es dann mit Formulierungen auf sich hat wie:
›Deutsches Volk‹?
Fühlen sich dann eingebürgerte Zuwanderer nicht zurückgesetzt?

Und was ist mit:
›Gott‹?
Diskriminiert man damit nicht Allah der Muslime?
Und setzt damit Brahma, Vishnu und Shiva im Hinduismus herab?
Wenn also Rasse in der Verfassung wegfällt,
kann sich Gott auch nicht mehr lange halten.
Sogar ein simpel schwäbisch-deutsches ›Grüß Gott‹ muss dann als einfache Formel im Sinne der neuen sprachlichen Genauigkeiten durchaus bald als sehr herabsetzend verstanden werden.
Die vielen muslimischen und hinduistischen Mitbürger in Deutschland müssen sich doch selbstverständlich diskriminiert fühlen, wenn wir unseren Schöpfer mit einem saloppen ›Grüß Gott‹ bevorzugen. Weil das verletzend und arrogant sein kann gegen alle die, die aus fremden Religionen zu uns kommen. Oder nicht?
Doch!
›Grüß Gott‹ ist natürlich antiislamistisch!?
Und ganz nah an Pegida und AfD!?

Das Maß ist also das Entscheidende.
Und wenn dies in die eine Richtung überzogen wird, gibt es oft als Gegenreaktion eine extreme Überziehung in die andere Richtung. Und meistens pendelt es sich nicht mehr ein.

Man kann einfach nicht hinter jeder missglückten Bemerkung und hinter jedem blöden Witz und hinter jedem ahnungslos dahingesagten Ausdruck Hass, Feindseligkeit und Rassismus vermuten! Sonst haben wir allmählich wirklich einen Sprachtotalitarismus.
Und einen Moralterrorismus noch dazu.

Man sollte nur eben denken, bevor man redet.
Aber was ist, wenn man nicht denken kann?
Dann verbietet es sich, zu reden?
Dann gibt es nur in/zu Deutschland
nicht mehr viel zu sagen.

49 Habeck oder Nichtsein

Obwohl es oft auch still wird aus ganz anderen Gründen.
Denn unendliche Loblieder versiegten beispielsweise bei den Grünen aus diversen Ursachen schon sehr rasch nach der gemeinsamen, harmonischen Nominierung des grünen Kanzlerkandidaten
in Form von Annalena Baerbock.
Jedenfalls,
wenn man kurz darauf Robert Habeck etwas genauer zuhörte.

Er fing nämlich an, ausdrücklich zu betonen, er sei seit Jahren eine Doppelspitze bei den Grünen. Und habe als Doppelspitze herausragende Wahlerfolge für die Grünen eingefahren. Er habe die grüne Programmatik weiterentwickelt und einen neuen Führungsstil, der auf Miteinander aufgebaut ist und, und, und. Jetzt wären die Grünen jedoch so erfolgreich, dass die Gesellschaft, der Staat und das Grundgesetz sie zwingen, das Miteinander aufzulösen. Weil nur einer Bundeskanzler werden kann.
Und er war natürlich davon ausgegangen, das sei er.

Jetzt habe aber Annalena Baerbock diese Wahl gewonnen.
Und das war bis dahin auch kein Problem.
Weil die Grünen immer fünf bis sechs Prozent hinter der CDU gelegen hatten. Und ob Habeck dann bei der Bundestagswahl als Kandidat gegen die CDU verloren hätte oder vorher gegen Annalena, das wäre im Grunde gleichgeblieben.
Aber auf einmal waren die Grünen circa sechs Prozent vor der CDU.
Und damit stärkste Kraft. Baerbock zum Kandidaten zu machen, machte für Habeck nur Sinn, wenn sie Kanzler ganz sicher nicht wird. Wo jetzt jedoch

die Chance bestand, dass sie es vermutlich werden könnte, gab er zu verstehen, das sei nicht der Sinn von Miteinander. Wenn dieses Miteinander dann so ausgenutzt wird, dass er so hintergangen werde.

Damit es nicht falsch zu verstehen war:
Er gönnte Baerbock natürlich die Kandidatur.
Aber als Gegenleistung war unausgesprochen schon vereinbart,
dass sie ihm dann die Kanzlerschaft gönnen würde.
Sonst war dieses Miteinander ziemlich einseitig.
Das ist in jeder Ehe so –
der Mann gönnt der Frau die Kaffeekränzchen mit ihren Freundinnen. Dafür gönnt sie dem Mann den Herrenabend mit Skat und Bier und flottem Dreier. Bei den Grünen war es jetzt so, dass Annalena Baerbock auf einmal beides hatte.

Habeck hatte sich nie vorher klargemacht, dass die Gleichberechtigung der Frau und die Gleichstellung der Frau nur möglich sind durch Tausch. Die Emanzipation der Frau geht nur durch die Unterdrückung des Mannes. Jedenfalls fühlte sich Habeck so.
Auch wenn er einräumen musste, dass nach Ewigkeiten mit Frau Merkel im Kanzleramt, mit Frau von der Leyen als Boss in Europa und mit Frau AKK in der Verteidigung und mit Frau Saskia Esken an der Spitze der SPD es natürlich sein konnte, dass Deutschland mental und geistig und emotional noch gar wieder nicht reif war –
für einen Mann als Bundeskanzler.
Damit musste Habeck fertig werden.
Und das wollte er auch schaffen.
Er hatte Philosophie studiert,
er hatte Masochismus gelernt,
er kann leiden.
Aber jeder sollte es wissen.
Frauen den Vortritt zu lassen, ist nie Gleichheit.
Man geht ja nicht zusammen durch die Drehtür. Man lässt der Frau den Vortritt. Man wartet, bis die Drehtüre einmal rum ist. Und geht man dann selbst durch, sind die Limousine und die Frau abgefahren.

Franz Müntefering hatte 2004 einmal gesagt
»Opposition ist scheiße.«
Habeck sagte:
Frauen vorlassen ist Opposition.

Bis dahin galt, dass er Baerbock – das Gebot der Anstand – gut darstellen musste.
Und so legte er in der Folge den eventuellen Wählern Baerbock wärmstens ans Herz. Mit etwa folgenden ähnlichen Worten und Sätzen:
‚Annalena ist eine willensstarke Frau, die weiß, was sie will. Und deren Wille geprägt ist von klaren Absichten. Sie hat ein enormes Bestreben, zielgerichtete Pläne und eben ehrenwerte Vorhaben und honorige Vorsätze. Ihre definierten Ansätze machen sie zu einer Frau. Die als Frau um die fraulichen Intentionen in der Gesellschaft weiß und die die Dynamik mitbringt, sich als Frau die Stärke zu verleihen, um mit Tatkraft im Wahlkampf allen Wählerinnen die Gewissheit zu vermitteln: Ich werde Bundeskanzler, also sie, weil ich, also sie, diese alles entscheidende, alles bestimmende Qualifikation mitbringt für dieses Amt:
Ich bin eine Frau. Nichts anderes.
Und das reicht ja wohl auch.'

Das drückte genügend aus, dass der innerparteiliche und gesellschaftliche Druck, aus dem heraus er Baerbock zur Frau Bundeskanzlerkandidat machen musste, ein (wörtlich) »bittersüßer Tag für mich« und »die schmerzhafteste Erfahrung in meinem Leben« war. Aber der Respekt vor der Frau als solche, vor der Frauenquote, vor der Frauengleichstellung, verlangte es dennoch, Annalena Baerbock zu warnen vor dem, was schon am Tag, nachdem er Annalena Baerbock gekrönt hatte, losbrach.
Nämlich Hetze, Gelächter, Fake News, Beleidigungen.
Das würde natürlich als Bundeskanzler noch viel, viel schlimmer. Man denke nur an Angela Merkel und an den Hohn über ihre Frisur, als sie als Kandidatin aufgestellt war.
Das wünschte er sich für Baerbock nicht.
Und das werde er verhindern.
Und die werde er verhindern.

Er hatte deswegen schon mal ein Bündnis grün-rot-rot nicht ausgeschlossen. Er hat es zwar an die Forderung an die Linken geknüpft nach einem Bekenntnis zur NATO. Das würde es nicht geben. Aber in der Wählerschaft war die Möglichkeit zu grün-rot-rot so im Bewusstsein und damit zementierte es Unsicherheit und Irritation und würde die Grünen sicher zwei bis drei Prozent kosten.

Dann unterstützte er die Intention, aus dem Titel des grünen Wahlprogrammes: ›Deutschland. Alles drin‹, Deutschland streichen.
Es sollte heißen:
›Grün, alles drin‹.
Dazu kam es schließlich nicht. Aber die Diskussion darum reichte, um zu symbolisieren, dass die eigene Partei und die Personen in dieser Partei wichtiger schienen als Deutschland. Das würde vielen Wählern auch sauer aufstoßen. Ist doch die alte staatliche Formel immer noch: ›Erst der Staat, dann die Partei, dann die Person.‹ Das sollte umgedreht werden, und damit zusätzliche zwei bis drei Prozent – Verlust bringen.

Ferner wurde das Parteiausschlussverfahren gegen Boris Palmer weiterverfolgt. Aus der Causa Sarrazin ist bekannt, dass ein solcher Akt Monate oder Jahre dauern und drei Anläufe brauchen kann. Währenddessen den Grünen immer auch unterstellt werden würde, keine gegenteilige Meinung zuzulassen. Weil sie Mainstream sein wollen. Das hat ein Geschmäckle von Intoleranz und Gnadenlosigkeit, weil ein Parteiausschluss nur bei Schädigung der Partei durchgeht. Beim augenblicklichen Erfolg damals konnte man so eine Schädigung gerade nicht unterstellen.
Die Grünen schlügen mit dem Vorschlaghammer ›Ausschluss‹ – wird man sagen. Auf ein paar missglückte Sätze. Und Palmer würde immer neu in der Wunde rühren können, statt dass es mit einer Rüge jetzt vergessen wäre. Das brächte noch mal zwei Prozent – Minus.

Blieben Versprechungen wie Parkraumverkleinerungen und das Ausspielen der Autofahrer gegen Radler und Fußgänger.
Quoten und Regulierung taten ein Übriges.
Damit Habeck nach der Bundestagswahl die schmerzhafteste Erfahrung seiner Laufbahn hinter sich hätte lassen und bewältigen können, Annalena Baerbock den Vortritt zur Kanzlerschaft gelassen zu haben. Weil sie es nicht würde.

50 Baerbock stellt gar keine Frage

Annalena Baerbock selbst hörte sich ihrerseits dazu immer an,
als verlange sie, angesprochen zu werden mit
Frau Bundeskanzlerinkandidatin.
Und dass Habeck da eben durchmüsse.
Zumal (wörtlich)
»das Grundgesetz Frauen den Vorzug einräumt
gegenüber Männern bei der Kandidatenauswahl«.
Das steht da zwar nicht.
Aber sie war wohl der Ansicht, wenn man die Worte in einer anderen Reihenfolge liest, ergibt es sich von selbst.

Sie hatte für alles eine Antwort.
Als Robert Habeck ihr einmal ins Wort fiel, hatte sie sich das verbeten. Beim Aschermittwoch 2021 hatte sie aber seine Rede unterbrochen. Weil es ihr in beiden Fällen darum ging, die männliche Dominanz des Mannes schlechthin zurechtzustutzen, bevor sie überbordet. Der Unterschied zwischen ihnen beiden berechtigte sie dazu.
Fand sie.
Und dieser Unterschied liege darin, sagte sie in einem gemeinsamen Interview beim NDR am 23. November 2020, dass die Erfahrung von Robert bei Hühnern, Schweinen und Kühe-Melken liege. Sie käme aber aus dem Völkerrecht. »Da kommen wir aus ganz anderen Welten im Zweifel.«

Auf den Einwand, sie habe keinerlei Regierungserfahrung, entgegnete sie stets, eine Bundesregierung mit Regierungserfahrung habe Maßnahmen-Chaos und Impf-Chaos über Deutschland gebracht. Das hätte sie auch

hinbekommen. Also käme es auf Regierungserfahrung offenbar nicht an. Regieren ohne Erfahrung sei vielleicht wie Autofahren ohne Führerschein. Jedoch nicht, wenn man nur geradeaus fährt.
Und da es in der Politik nicht nur geradeaus geht, bliebe sie, Baerbock, im Einzelfall einfach auf der Stelle. So war sie zu verstehen.
Außerdem sei in der Ukraine ein Komiker Präsident geworden.
Ohne jede Regierungserfahrung.
Deutschland ist natürlich nicht die kleine Ukraine.
Noch nicht.
Jedoch mit Annalena Baerbock könnte es die durchaus werden.
Und Frau Baerbock müsste dafür nicht mal Komiker sein.
Ihre einzige Berufserfahrung ist zwar nur eine freie Mitarbeit bei der »Hannoverschen Allgemeinen«. Aber deswegen wollte sie ja ins Bundeskanzleramt.
Damit sie im Beruf lernt.
Bundeskanzlerinnensein verstand sie von Anfang an
vor allem als Praktikum für höhere Aufgaben.

Die höhere Aufgabe sei jetzt schon mal das Klima, natürlich.
Da müsse man (wörtlich auf dem Grünen-Parteitag am 20.11.2020)
»jetzt ins Machen kommen«.
Die Unterordnung unter das Klimaziel brauche massive Eingriffe des Staates und Gebote und Verbote. Ob da die Masse mitgehen würde, schien zunehmend fraglich. Frau Baerbock jedoch wollte nicht Politik machen für die Masse. Sie wollte mit den Grünen exklusiv sein. Man soll sich die Grünen leisten können.
Deswegen war das Landtags-Wahlergebnis in Sachsen-Anhalt im Juni 2021 mit 5,9 Prozent statt erwarteter 12 Prozent zwar eine Vollbremsung. Für Frau Baerbock aber war es eine logische Folge, denn die Grünen würden eben nur gewählt von den Eliten Deutschlands.
Die Grünen seien doch keine Ramschware.
Stand zwischen ihren Zeilen,
die sie da noch teilweise selbst geschrieben hatte.
In Sachsen-Anhalt wollte man eben nur wählen, was billig ist.

Die Ausweitung des Sozialstaates, Hartz IV ohne Sanktionen, Verbot des Verbrennungsmotors – das alles können Deutsche des Mittel- und Unterstandes sich vielleicht nicht leisten.
Aber das ist auch nicht das Ziel.
Es geht um das Überleben der Erde. Dafür stehe sie als Grüne.
Und als die wollte sie die Interessen verlagern.
Wer heute einen SUV kauft, soll morgen sagen,
er fährt ab auf die Grünen.
Die also die Masse nicht brauchen?
Die Grünen brauchen die Masse, um gewählt zu werden.
Sie brauchen die Masse nicht mehr, um gewählt zu sein.
Sie wollen eine Wohlfühlpartei sein.
Der Wähler soll mit ihnen vermittelt bekommen, dass er moderner, verantwortungsbewusster und klimafreundlicher ist. Das kostet. Aber man fühlt sich dann wie im Mittelalter der Katholischen Kirche: Man hat viel Geld bezahlt für den Ablasszettel und war alle Sünden los. Baerbocks Grüne wurden der Ablasszettel der modernen Gesellschaft. Man gibt mehr aus als bisher. Aber man hat seinen Glauben, dass man gerettet ist in einer geretteten Welt und alle Sünden sind einem vergeben.
Das hebt das Selbstwertgefühl von jedermann.

Um mit all dem an die Spitze der Partei zu kommen, hatte Annalena Baerbock viel handwerkliche Arbeit unternommen.
Sie hatte bekanntlich ihren eigenen Lebenslauf
gut aufgefrischt und hübsch gemacht.
Und zu all der Schönung ihres Lebenslaufes und der Nachrichten über ihre viel zu spät gemeldeten Einnahmen beim Bundestagspräsidenten gesellte sich schließlich noch der Nachweis, dass sie in ihrem rechtzeitig vor der Bundestagswahl erschienenen Buch »Jetzt« einen übergroßen Teil aus anderen Schriften, Interviews und Nachforschungsarbeiten einfach wörtlich kopiert hatte.
Da war das Fass bereits übergelaufen,
sich für ständige Unregelmäßigkeiten entschuldigen zu müssen.
Jetzt galt es nur noch, zu beschuldigen.
Und sich zu verteidigen mit Fadenscheinigkeiten.

Der Gipfel dieser Plagiatsaffäre aber
war natürlich der Satz von Frau Baerbock,
»Ja, aber wie es so schön heißt: Niemand schreibt ein Buch allein.«
Dieser Satz war an Impertinenz, Dreistigkeit, Arroganz und Peinlichkeit nicht zu übertreffen. Denn er drückte aus, dass andere natürlich glauben werden, es sei eine Selbstverständlichkeit, abzuschreiben. Es sei ein schriftstellerisches Muss, zu kopieren. Die dutzendfachen wörtlichen Zitate und wörtlichen Gegenüberstellungen sollten nur die Güte der Autorenschaft beweisen? Das weist auf eine Person hin – um hier ausdrücklich nicht zu sagen: auf eine ›Persönlichkeit‹ –, die mit ausgesprochen minimaler sozialer Intelligenz ausgestattet ist. Ja geradezu ausgestattet ist mit einer kindlichen Anmutung, wenn sie wirkte wie ein kleines Mädchen im Alter von drei Jahren, das sich die Augen zuhält und zu seinem Vater sagt:
›Jetzt siehst du mich nicht mehr.‹
Mit derselben kindlichen Beschränktheit sagt ebendiese Dreijährige auf den Vorwurf, sie hätte etwas gestohlen:
›Die anderen aber auch.‹
Der Satz von Baerbock war eine Beleidigung sämtlicher ehrenwerter Schriftsteller. Und er war insbesondere eine Beleidigung ihres politischen Partners Robert Habeck, der zur selben Zeit ein weiteres Buch herausgegeben hatte. Das von ihm selbst geschrieben war.

Und so wurde aus Annalena Baerbock, als was sie dargestellt wurde, eine vollkommen überhochmetzte Figur. Die ausschließlich existiert über die Geschichten, die sie sich selbst über sich ausgedacht hat. Man hätte auch Pippi Langstrumpf oder Lara Croft nehmen können.
Oder irgendein Unternehmen.
Sinnvollerweise eines für Solar-Energie.
Sie war als Kanzlerkandidat nicht aus Fleisch und Blut.
Als Kanzlerkandidat war sie eine rein utopische Erfindung der Grünen, die sie als Spielfigur ins politische Geschäft geworfen haben.
Eine Spielfigur, die im Verbund mit ihrer Partei schwärmt von der rührenden Idee von Weltverbesserung. Von der kindlichen Überzeugung, das Klima zu retten mit teuren Flügen. Von dem unerschütterlichen Glauben, wenn wir

Deutschen uns nur tüchtig einschränken, machen China und Russland und Iran und alle Ähnlichen schon mit und erhalten die Erde.

Wenn Katrin Göring-Eckardt nach der furchtbaren und furchterregenden Hochwasserkatastrophe im Juli 2021 herausgab, dass man nun aber mal was tun müsse für das Klima, so wirkte dies so naiv, als wenn sie nach einem Lawinenabgang und der vollständigen Verschüttung eines Dorfes gesagt hätte, es würde jetzt aber höchste Zeit, einmal etwas zu tun für das Dorf.

Wäre es nicht plausibel, wenn demgemäß der nächste Parteitag der Grünen in allen Rollen besetzt würde von Kindern, die Erwachsene spielen?
Die Drohnen, die versprochen werden, würden Sahnetorten sein.
Und die Maschinenpistolen zur Verteidigung
Frostkanonen, die Schaum schießen.
Die Autos würden umweltfreundlichen Tretantrieb haben.
Und das Catering wäre nur vegan
und mit getrockneten Insekten angeboten.
Das alles, um mit ironischer Kraft zu zeigen:
Wir wollen die Welt verändern.
Aber wie sollten wir es können,
wenn es vor uns nur Naturgewalten geschafft haben.
Und deswegen wird dieser Parteitag der Grünen dann nicht wie die Parodie auf die Gangsterfilme der zwanziger Jahre heißen:
›Bugsy Melone‹.
Sondern ›Baerbocksy Alone‹.

51 Wert des Lebens oder lebenswert?

Das sind also unsere neuen, alten Themen,
Belastungen, Belästigungen und Imponderabilien.
Ganz allmählich kommen wir immer mehr zurück zum Alltag,
wie wir ihn gewöhnt waren vor Corona.
Und dennoch bleibt für viele Einzelhändler, Mittelständler, Klein-Unternehmer, die ihre Geschäftchen und Geschäfte aufgeben mussten und zuzusehen hatten, wie sich nicht nur online große Betriebe und digitale Konzerne ganz analog in ihren alten Räumen breit machten, nun brennend die Frage übrig, wie viele Lockdowns müssen bei eventuellen neuen Gefahren, unbekannten Viren oder neu auftretenden Ansteckungen noch angesetzt werden?
Bei wie viel Verhungernden, bei wie viel Insolvenzen, bei wie viel vernichteten Existenzen ist ein Lockdown wegen einer Krankheit nicht mehr zu akzeptieren. Sind 65 Prozent Pleiten von Einzelhändlern in den Innenstädten noch zu wenig?

Wollte man bei Corona zeigen,
dass man den Wert des Lebens neu
und höher berechnet hat?
Aber den Wert des Lebens welcher Menschen?
Haben wir eine Drei- oder Vierklassengesellschaft geschaffen, wenn wir wirtschaftliche und soziale und psychische Kosten immer höherschrauben, um nur die überleben zu lassen, die an Corona erkrankten?
Zur Zeit der Niederschrift dieses Buches gehen offizielle und öffentliche Stellen aus von wirtschaftlichen Verlusten in Deutschland in Höhe von

3,5 Milliarden Euro. Zur Zeit dieser Niederschrift gibt es in Deutschland circa 90 000 Menschen, die an Corona gestorben sind.
Oder mit Corona.
Was nicht das Gleiche ist.
Sind sie mit Corona gestorben, war Corona nicht todesursächlich. Gleichwohl ist jeder Einzelne der circa 90 000 dann wie viel wert, wenn wir 3,5 Milliarden damit teilen?
Das liest sich unangenehm.
Aber was ist denn nun der Preis eines Menschen inzwischen? Wenn die Welthungerhilfe, wie ausgeführt, warnte vor Millionen von Hunger-Toten, muss noch einmal gefragt werden, ob die alle nichts wert sind?
Und es muss gefragt werden, ob mit dieser Frage tatsächlich, wie bequemerweise gern unterstellt wird, Tote mit Toten verglichen werden? Ob sie wirklich gegeneinander aufgerechnet sind?
Das sind sie natürlich mitnichten.
Wir haben Menschen verhungern lassen, wir haben Menschen später oder zu spät zugelassen zu Operationen oder Behandlungen, damit wir andere Menschen schützen!
Und wenn es nach Kant heißt, dass kein Zweck es rechtfertige, den Tod eines Menschen in Kauf zu nehmen, so ist das die Philosophie. Jedoch hat Politik mit Philosophie schon lange nichts mehr zu tun.

Bei Bundeskanzler Helmut Schmidt in den Siebzigerjahren gestaltete sich das noch ganz anders. Das Grundprinzip bei Schmidt in der Terrorbekämpfung war, dass der Staat sich nicht erpressen lässt. Die Frage ist heute:
Hätte er sich erpressen lassen von einem Terror ›Virus‹?
Hätte Schmidt es zugelassen, dass das Leben derer nichts mehr wert war, die nicht an Corona erkrankten, wohl aber durch die Maßnahmen, um Corona zu bekämpfen, in Existenz und Leben bedroht oder zerstört oder vernichtet wurden?

Denn wenn man schon so munter daherschwatzt, man vergleiche Tote mit Toten, muss man sagen, dass das natürlich schon deswegen nicht stimmt, weil es nur darum geht, zusätzlich zu den Verstorbenen durch Corona die anderen nicht zu vergessen, die an den Nebenwirkungen der Maßnahmen auch gestorben sind.

Und auch die anderen zu beachten, die man seit Jahren und Jahrzehnten ebenso hätte schützen können mit Lockdowns und Einschränkungen. Und zwar mit Einschränkungen, die bei Weitem nicht so generell und allumfassend wären wie die in der laufenden Pandemie.

52 Wen gefährden wir, um wen zu retten?

Nur zum Beispiel:
Jedes Jahr sterben in Deutschland etwa 74 000 Menschen an den Folgen der Konsumation von Alkohol. Man schätzt die Zahl Schwerst-Alkoholabhängiger in Deutschland auf vier Millionen. Sind diese Menschen so wenig wert, dass man nicht das Geringste unternimmt, sie zu schützen?
Alkohol mag nicht ansteckend sein.
Das kommt aber darauf an, wie man Ansteckung definiert.
Wenn man auf keiner Gesellschaft auftauchen darf, ohne scheel angesehen zu werden, wenn man das Glas Sekt oder den Wein oder den Cognac verweigert. Dann ist das psychische Ansteckung.
Dann ist das Verführung.
Die staatlich durch Werbung auch noch gefördert wird!

Warum geschieht das so?
Weil die Einnahmen durch die Steuer auf Alkohol sich auf vier Milliarden Euro pro Jahr in Deutschland belaufen.
Doch warum fördert der Staat den Alkohol in dieser Weise, wenn diesen Einnahmen ausgesprochen hohe Ausgaben für ärztliche und pflegliche Betreuung, für Medikamente und Untersuchungen wegen Krankheiten gegenüber stehen, die durch Alkoholgenuss hervorgerufen werden. Und die etwa zehnmal so hoch sind, wie die Einnahmen durch Alkoholsteuer?
Der entscheidende Grund für diesen Widersinn ist, dass die Einnahmen in die öffentlichen Hände fließen. Die Ausgaben jedoch werden erst einmal den Betroffenen und ihren Angehörigen angelastet, den Krankenkassen und der Rentenversicherung. Jeder Krankenversicherte zahlt für das Al-

koholproblem, auch wenn er selber gar nicht alkoholkrank ist. Weniger Alkoholverkauf verringert also die Steuereinnahmen sofort. Die Kosten für die Folgen von Alkoholmissbrauch schlagen aber erst viel später zu Buche. Auf ganz anderen Konten. Das heißt, der Staat riskiert lieber auf lange Sicht die Gesundheit durch Alkoholmissbrauch für kurzfristige finanzielle Vorteile.
Auf der anderen Seite steht die Tatsache, dass Drogen striktest verboten sind. Die Zahl der Drogentoten bewegt sich seit Jahren in Deutschland in einem Bereich zwischen 900 und 1 500. Und wer erwischt wird – selbst mit einer minimalen Dosis von Kokain, Heroin oder Crack – wird verfolgt wie ein Schwerverbrecher.

Um nur ein Beispiel zu geben aus jüngster Vergangenheit:
Es gab einmal den Drogenskandal um den Grünen-Politiker Volker Beck. Der im Dunkeln, mit einer Kapuze über den Kopf sich bei einem Dealer eine Kleinst-Menge Kokain besorgte.
Zur eigenen Befriedigung.
Er wurde entlarvt und musste umgehend alle Ämter abgeben.
Wegen 0,6 Gramm einer leistungssteigernden Droge.
Die hier für Volker Beck die Immunität aufhoben und die ihn in allen Medien bespuckten, waren gleichzeitig dann aber vermutlich diejenigen, die am selben Abend aus ihrer Stammkneipe nicht mehr heimfanden nach dem 10. Bier und dem 8. Schnaps.

Es wird ignorant darüber hinweggesehen:
Die Drogenabhängigen sind Kranke.
Die Alkoholabhängigen sind Kranke.
Wenn Drogen schon nicht legitimiert werden, dann muss man doch aber zumindest den Alkohol genauso strafbar machen. Dann will man endlich auch die verfolgt sehen von der Staatsanwaltschaft, die hemmungslos saufen und rauchen.
Aber so ist Drogenpolitik eine einzige Heuchelei.
Volker Beck hat nicht gedealt! Es ging – verlautbart man in solchen Fällen stets scheinheilig – also um den Schutz seiner eigenen Gesundheit und seines eigenen Lebens. Wo ist dann aber beim Kettenraucher, der eine Stunde nach seiner Lungenkrebs-Operation auf dem Balkon heimlich wieder raucht, die Polizei? Und nimmt ihm seine Immunität? Welcher Staats-

anwalt rührt sich bei Hunderttausenden von Deutschen am Bett, wenn sie wieder Schlafmittel missbrauchen?
Bei dieser Drogenpolitik werden Kranke zu Kriminellen umgepolt.

Drogen zerstören Leben.
Aber die Maßnahmen gegen Drogen
zerstören wesentlich mehr Existenzen.
Wie schon Kofi Annan, der siebte Generalsekretär der Vereinten Nationen, sagte:
»Krieg gegen Drogen ist Krieg gegen Menschen.«
Gegen Menschen, die krank sind.
Warum ist denn der Anteil der Raucher in Deutschland gesunken?
Durch Aufklärung und Regulierung!
Und nicht, weil die Raucher massenweise im Knast sitzen.
In Kalifornien ist seit 1996 Haschisch für medizinische
Zwecke erlaubt und in Colorado für den Freizeitgebrauch.
Und allmählich erlauben wir in Deutschland das ja auch.
Aber Drogen zu verteufeln statt zu behandeln im Land der Säufer und Qualmer ist natürlich typisch für ein Land, das Naturpelze verteufelt, während es Steaks frisst und Gänsestopfleber.

Wann wird endlich registriert und anerkannt, dass diese Drogenverbotspolitik nichts Anderes fördert als die Mafia?
Haschisch frei abgeben in der Apotheke, ist die Ansage!
Harte Drogen auf Rezept abgeben für 2,50 Euro, ist die Ansage!
Und die gesamte Drogenmafia wäre erledigt.
Wie ist denn die Mafia überhaupt stark geworden?
In der Prohibition in USA in den Zwanzigern des letzten Jahrhunderts. Null Alkohol, kein Wein, kein Schnaps, kein Sekt.
Striktes Verbot. Und?
Nie haben die Menschen mehr gesoffen als zu dieser Zeit!
Drogen sind gefährlich.
Aber sie sind noch viel gefährlicher,
wenn man sie in der Hand lässt von Kriminellen.
Dabei braucht man sich nicht zu fragen, warum der Staat durch Verbotspolitik Kriminelle regelrecht fördert, wenn er gleichzeitig ja auch Waffen

liefert an kriminelle Regierungen in Saudi-Arabien und Giftgas an kriminelle Machthaber in Syrien.

Und dass das so ist,
hat natürlich zu tun
mit einer typisch mafiösen Charaktereigenschaft.
Nämlich der Geldgier.
Am Alkoholkonsum kassiert der Staat also im Jahr rund vier Milliarden Euro Steuern. Beim Drogenkonsum – guckt er in die Röhre.
Sagt das nicht genug?
Wenn es, wie gesagt, in Deutschland 74 000 Alkoholtote im Jahr gibt. Und an Alkoholkranken circa vier Millionen.
Es aber Drogentote, wie gesagt, bei uns rund 1 500 im Jahr gibt.
Und Drogenkranke circa 100 000.
Dann lohnt eine Besteuerung natürlich den Aufwand nicht.
Dann gibt es einfach nicht genügend Drogentote,
um Drogen zu legalisieren???

Nirgendwo reagiert der Staat hysterischer als bei der Steuerhinterziehung.
So hysterisch wie seinerzeit bei Volker Beck.

Fällt da nichts auf?
Es geht gar nicht um Drogen.
Es geht nur ums Geld.

Volker Beck wurde angeklagt, weil er, statt Drogen zu nehmen, nicht gesoffen hat. Weil er steuerfreie Drogen nahm.
Statt sich mit hochbesteuertem Alkohol zuzuschütten.
Weil er dem Staat Steuern entzogen hat.
Indem er nur Drogen konsumierte,
hat er praktisch Steuerhinterziehung begangen.

Die wahre Sucht liegt also hier beim Staat.
Und zwar nach Steuern.
Die wahre Sucht ist hier,
das ganz normale Leben
nicht mehr wahrzunehmen in seiner Realität.

53 Die Würde des Menschen ist ein Konjunktiv!

Bleibt die Frage
nach dem neu bemessenen Wert des Lebens.
Wegen einer unüberschaubaren Gefahr ›Corona‹ mit teilweise klaren und immer wiederholten Ansagen – dass also etwa 99 Prozent der Erkrankten überleben – schloss man das ganze Land.

Der Vergleich wurde ins Feld geführt, ob ein mit 100 Personen besetztes, entführtes Flugzeug abgeschossen werden darf, bevor es in ein Hochhaus mit 1 000 Bewohnern kracht.
Und da kommt noch einmal Kant ins Spiel, der dazu sagt:
Nein, das Leben des Menschen ist nicht zu bewerten.

Allerdings ist der Fall im Falle ›Corona‹ umgekehrt und die Frage wurde anders beantwortet. Anti-Kantisch sozusagen:
Es wird das Hochhaus in die Luft gesprengt,
bevor das Flugzeug hineinkracht.
Aus Angst vor dem Tod,
müsste man andere umbringen.
Oder ihnen Existenznot zumuten?

In der Auseinandersetzung mit dieser Frage sollten wir uns immer wieder vor Augen und Ohren führen, was rational geäußerte Meinungen von beispielsweise Wolfgang Schäuble oder Boris Palmer aussagten zu dem, was uns weniger in der Zukunft als vielmehr gegenwärtlich belastet.

Zum Beispiel eben wortgewaltig beim Thema ›Corona‹. Dass nämlich, wenn man hört, alles andere habe vor dem Schutz des Lebens zurückzutreten, man dann sagen muss, dass das in dieser Absolutheit nicht richtig ist.
Wenn es, sagte Wolfgang Schäuble übrigens wörtlich,
»einen absoluten Wert im Grundgesetz gibt,
dann ist es die Würde des Menschen. Die ist unantastbar.
Aber die schließt nicht aus, dass wir sterben müssen.«
Denn wir müssen in der ganzen Debatte um Corona
endlich erst mal fragen:
Was ist Leben?
Und was ist Würde?
Und wie passt das zusammen?
Muss man zu dem Schluss kommen:
Wenn wir mit großem Aufwand wie dem totalen Lockdown Leben retten, das Leben uns dann einen Streich spielt, wenn es uns klarmacht, dass nicht wir im Menschsein und nicht im Grundgesetz bestimmen, wo das Leben weitergeht und wo es aufhört?
Heißt das,
der Lebensschutz kann nicht über allem stehen?
Auch das sagte Schäuble mehrmals öffentlich.
Weil das Leben, wenn man es nur als solches schützen will, sonst alle Lebensgrundlagen vernichtet.
Weil der Lebensschutz so umfassend ist.

Corona darf keine Sonderstellung haben
gegenüber allen anderen Gefahren des Lebens!
Sonst werden wir bald zu einem
Massenmenschenversuch der Virologen.

Denn was haben wir doch darüber hinaus noch für tägliche Sterbemöglichkeiten: Haushalt, Feinstaub, Herzinfarkte aufgrund von Panik, AIDS, Hepatitis, Krankenhauskeime?
Müssten wir nicht einen permanenten,
nie endenden Lockdown machen?
Für die Gesundheit aller?
Für das Leben?

Aber was ist das Leben?
Falls wir es in der Gesundheits-Diskussion jetzt aus den Augen verloren haben:
Zum Leben gehört mehr als Leben. Sonst wären wir den Tieren gleichgesetzt. Aristoteles hat das formuliert für den Menschen als das ›gute‹ Leben.
Und das Leben ist über die Gesundheit hinaus:
atmen, wohnen, essen, schlafen, sich vermehren, denken.
Dazu braucht es Wirtschaft, Psyche und Arbeit.
Also Geld und Bewegung.
Aber mit dem vollkommenen Stillstand von Gesellschaft und Wirtschaft ist das Leben in seiner Gesamtheit in Gefahr. Denn das heißt ja, wir leben das Leben, was Leben heißt, nicht weiter.
Damit möglichst viele überleben.
Ein Paradoxon.
Und die Frage ist darüber hinaus:
Wenn wir Leben schützen mit diesen erheblichen sozialen, psychischen und wirtschaftlichen Schäden –
was ist das dann für ein Leben aller?

Man kann durchaus bei der Überzeugung bleiben, dass die absoluten Maßnahmen nicht als einzelne, als die sie sicher nötig waren, aber in ihrer Gesamtheit hochproblematische Effekte haben wie die soziale Ungleichheit bei Kindern, wie Menschen, die ohne Beistand sterben mussten, wie die, die nicht in Behandlung kamen wegen Herz oder Krebs oder Schlaganfall.

Da biss sich die Würde in den Schwanz.
Denn welche Würde ist wichtiger?
Die der Corona-Bedrohten?
Oder die Würde derer, die häusliche Gewalt zu ertragen hatten? Weil sie über Monate in kleiner Wohnung im Lockdown zusammengepfercht waren?
Wir kamen aus dieser Zwickmühle nicht heraus.
Der Staat wurde auf jeden Fall schuldig.
Menschen, die den Staat führen,
wurden auf jeden Fall schuldig.

Die Würde des Menschen ist vielleicht unantastbar.
Aber die Schuld des Menschen ist unausweichlich.

Schon deswegen, weil die Würde des Menschen im Grundgesetz in Artikel 1 zwar ›unantastbar‹ genannt wird. Sie aber zu kämpfen hat mit der Freiheit der Person, die ›unverletzlich‹ ist. Und die der Würde bereits in Grundgesetz Artikel 2 auf dem Fuße folgt.
Damit ist die Würde bedingt relativ.
Sie steht gegen die Persönlichkeitsentfaltung.
Zum Beispiel sich bis über die Decke
einzudecken mit Klopapier.
Deswegen heißt sie ja Würde.

Würde ist erst mal ein Konjunktiv.
Es könnte sein, dass es Würde gibt.
Aber es könnte auch sein, dass Würde ein Rechenfehler ist.
Weil sie nämlich manchmal von zu vielen auf einen Schlag in Anspruch genommen werden kann.
Dann bricht ihre Lieferkette zusammen.

Das hat man gesehen am Asylrecht.
1949 wurde großzügig eingeräumt, dass alle politisch Verfolgten Asyl genießen. Als dann alle kamen – schon lange vor der Flüchtlingskrise 2015 –, musste das Asylrecht bereits 1995 stark eingeschränkt werden.
Und so merken wir bei der Würde auch jetzt, dass sie von zu vielen in Anspruch genommen wird.
Zumal viele nur denken an die Würde des Lebens.
Aber auch der Tod kann Würde haben.
Nur wurde selbst die ja infrage gestellt.
Wenn die Großmutter im Altersheim starb und niemand zu ihr durfte. Das war unvorstellbar unwürdig, da war man sich einig. Die Großmutter musste die Würde aufgeben für jemanden anderen, der seine Würde behielt, weil er nicht an Corona erkrankte.
Aber wer?
Wenn die Großmutter lange eingeschlossen war in dem Heim, hatte sie kein Corona. Davon konnte man ausgehen. Also konnte sie die Kinder nicht

anstecken. Hätten aber die Kinder Corona gehabt und die sterbende Oma besucht, war es ohnedies unerheblich, weil das Virus dann nicht viel Freude gehabt hätte.
Wenn die Oma doch bald tot war.
Das ist die Absurdität von solchen Entschlüssen.

54 Triage real

Erinnern wir also abschließend noch einmal unbedingt,
dass die allererste Prämisse der Maßnahmen gegen die Verbreitung des Virus Corona war, das Gesundheitssystem nicht zu überlasten.
Um Ärzte nicht entscheiden lassen zu müssen,
wen man leben lässt und wen nicht.
Um Ärzten die Last zu nehmen, wegen ungenügender Ausstattung einen jungen Patienten zu retten vor Corona statt eines alten Kranken, weil der die kürzere Lebenserwartung hat.
Um nicht in den Fall der Priorisierung
medizinischer Hilfeleistung zu kommen.
Der sogenannten Triage.

Diese Diskussion ist sehr bald verlagert worden auf die höchste politische Ebene. Denn wenn also Wolfgang Schäuble und die Welthungerhilfe aufgrund der Corona-Maßnahmen warnten vor Millionen von Hungertoten, wenn psychologische Studien 80 Prozent der Schüler als seelisch gefährdet und teilweise sogar als selbstmordgefährdet einstuften, wenn Operationen und Behandlungen wegen Corona verschoben oder abgesagt wurden mit schweren gesundheitlichen oder sogar tödlichen Folgen, dann ließ ja die Politik in der Summe vielleicht 100 Menschen verhungern, leiden oder sterben,
damit zwei oder drei Personen nicht an Corona starben?

Das ist hoher politischer Sarkasmus.
Man nahm den Ärzten die Entscheidung ab,
wer zu retten sei.

Und entschied von Regierungsseite, wer zu retten war.

Um es noch deutlicher auszudrücken:
In einer beliebigen Talkshow merkte ein beliebiger Politiker auf der Höhe der Debatte um diese Pandemie irgendwann einmal an, man wolle in der Politik nicht, dass Menschen sterben.
Der Talkmaster antwortete:
Sie wollen in der Politik nicht,
dass Menschen an Corona sterben.
Es ist zu ergänzen:
An allem anderen durften sie gerne verrecken.

55 Interview 6 zur Plage der Vision

Mit Claudia Reicherter in den »Reutlinger Nachrichten« und im »Gäuboten« am 31.1.2021.

RN Der mittlerweile verstorbene Kabarettist Georg Kreisler thematisierte in seinem Stück »Zu leise für mich« frustriert die Wirkungslosigkeit seines jahrzehntelangen kabarettistischen Wirkens. Er fühle sich bisweilen wie eine »mutige, doch alternde Soubrette«, sang er. Kennen Sie dieses Gefühl?

MR: Alternde Soubrette? Wie kommen Sie denn darauf? Ich habe mich mit 20 wesentlich älter gefühlt – in allen Bereichen: von der körperlichen Beweglichkeit her und von der geistigen Beweglichkeit her auch. Wenn ich früher drei Minuten Text auswendig zu lernen hatte, dauerte es doch eine Weile. Heute lerne ich zehn, zwölf Minuten Text innerhalb von einer Stunde auswendig. Und dann kann ich ihn sogar rückwärts aufsagen.

RN Ich meinte das nicht in Bezug auf Ihr Alter, sondern auf Ihr Wirken als Kabarettist …

MR Ach je, dass ich bei den Menschen nichts bewegen kann, weiß ich schon, seit ich 20 bin – da muss ich nicht erst 80 werden. Überlegen Sie mal selbst, wie oft eine Vorstellung oder ein Buch oder eine Aussage Sie existenziell verändert hat. Ich denke, das geschah sicherlich nicht mehr als zwei oder drei Mal in Ihrem Leben.

RN Was ist dann Ihr innerer Antrieb?

MR Es gibt von Wittgenstein den Satz: ›Was ich nicht gesagt habe, habe ich nicht gedacht‹. Das bedeutet im Umkehrschluss: Die Menschen haben Emotionen oder es empört sie irgendetwas, aber sie können es vielleicht nicht aussprechen. In dem Moment allerdings, wo sie in der Lage sind, es zu formulieren, **wird es wahr**. Sobald sie genau definieren, was sie belastet, merken sie, dass **sie damit besser umgehen können**. So kann ich den Menschen Formulierungshilfen geben. Und so kann ich ihnen die Möglichkeit geben, etwas zu Ende zu denken. Damit ist aber meiner Meinung nach das Maximum der Wirkung des Kabaretts auch erreicht.

RN Sehen Sie sich als moralische Instanz?

MR Du liebe Zeit: nein. Das würde bedeuten, dass man die Menschen moralisieren wollte. Das ist etwas ganz Schreckliches. Ich möchte die Zuschauer ja nicht umerziehen. Ich möchte nur Anregungen geben. Ich möchte reizen, um Reflexe auszulösen. Mehr ist nicht denkbar in einer Kabarett-Vorstellung. Deshalb gebe ich zum Beispiel auch niemals Wahlempfehlungen ab. Die Menschen sind für sich selbst verantwortlich. Und mögen ihre eigenen Schlüsse ziehen.

RN Als was sehen Sie sich dann? Als Kritiker?

MR Das auf jeden Fall. Ich formuliere die Kritik für die Menschen, die mir zuhören.

RN Diejenigen, die Sie kritisieren, haben Macht. Haben Sie selbst auch Macht?

MR Nein. Das wäre wirklich überheblich, zu sagen. Aber man kann etwas mitbewirken oder unterstützen. Im Verbund mit anderen.

RN Schauen wir auf die Mächtigen, die Sie aufs Korn nehmen: Empfinden Sie Trennungsschmerz, wenn einer dieser Mächtigen von der Bühne verschwindet – absehbar beispielsweise bei Bundeskanzlerin Angela Merkel?

MR Niemals. Ich gebe Ihnen ein Beispiel: Ich hatte mich während seiner Amtszeit sehr fixiert auf Helmut Kohl. So intensiv übrigens, dass Kolle-

gen behaupteten: Wenn der einmal nicht mehr Kanzler ist, dann weißt Du gar nicht mehr, auf wen Du Dich kaprizieren kannst. In der Wahlnacht, also vom 27. auf den 28. September 1998, als Kohl abgewählt war, habe ich dann alles, was mit ihm zusammenhing, aus meinem Programm rausgeschmissen – das war immerhin etwa ein Drittel. Ich bin da sehr konsequent und vermisse da auch nichts. Diese Politiker vermissen uns ja auch nicht.
Komischerweise haben dann die Kollegen geklagt, warum ich so gar nichts mehr sage zu Kohl.

RN Wenn Sie jemanden parodieren, ist es dafür zwingend, dass Sie eher Zu- oder eher Abneigung empfinden?

MR Es ist beides möglich. Eine Parodie muss nicht immer ein Decouvrieren oder ein Entblößen der Figur sein. Sie kann auch eine Hommage werden. Oder eine Mischung aus allem. Sie kann auch benutzt werden, um Dinge zu transportieren.
Um nur ein Beispiel zu geben:
Helmut Schmidt, den ich auch schon zu Amtszeiten geschätzt habe. Allerdings nicht unbedingt wegen seiner Politik. Schmidt war aber dank seiner Darstellungskraft als zu spielende Figur ein sehr charakteristischer und teilweise fast komischer Mensch. Auf Schmidt habe ich in meinen früheren Programmen oft zurückgegriffen, um Demokratie zu formulieren. Und dasselbe mache ich heute mit Figuren wie Baden-Württembergs Ministerpräsident Winfried Kretschmann. Eine Parodie muss also nie direkt personenbezogen sein. Sie kann auch darüber hinaus genutzt werden als Stilmittel und Vehikel, um die politische und gesellschaftliche Lage darzustellen.

RN Werden Politiker vom alten Schlag wie Schmidt, Wehner, Franz Josef Strauß wegen ihrer angeblich herausragenden intellektuellen und rhetorischen Fähigkeiten verklärt?

MR Wenn ich mir heute aktuelle Debatten im Bundestag ansehe und sie vergleiche mit Debatten beispielsweise aus den Achtzigerjahren, die manchmal im Fernsehen wiederholt werden, dann erlebt man – unabhängig vom Thema oder der Polemik – doch eine andere Diskussionskultur. Auch wenn die Redner wegen so manch beleidigender Äußerung von den Bundestagspräsidenten ermahnt wurden, hat man doch den Eindruck, dass damals stets ein gewisses Maß an Respekt gegenüber dem politischen Gegner mitschwang.

Aber all das ist eine Zeiterscheinung.

Das hat zu tun mit einer stärker werdenden Aggressivität, mit einer größer werdenden Ungeduld, mit einer Akzelerierung der eigenen Lebenszeit und so mit weniger Ausdauer, eigene Pläne oder Projekte auszugestalten.

Vergleichen Sie doch mal das heutige Nachmittagsprogramm im Fernsehen mit dem von vor nur ein paar Jahren – egal, ob öffentlich-rechtlich oder privat: Über das, worüber wir herablassend gelächelt haben – beispielsweise Richter-Shows oder Nachmittags-Talks –, müssen wir heute sagen: Das war beinahe hohes Niveau im Vergleich zu dem, was einem heute oftmals tagsüber im Programm angeboten wird! Es ist eine allgemeine Verflachung festzustellen. Und zwar in der Breite.

Ich bin mir sicher:

Man kann mit dem Fernsehen eine Gesellschaft, sagen wir mal: einsilbig machen. Das wirkt sich aus auf den Intellekt der Gesellschaft und damit natürlich auch auf die Politik. Achten Sie doch nur mal auf schwammige Antworten von Andreas Scheuer, Tobias Hans, Markus Söder, Armin Laschet usw., usw., wenn Ihnen konkrete Fragen gestellt werden.

RN Wären Sie ein guter Politiker?

MR Nein. Ich wäre zwar kompromissbereit, aber mir geht in dieser Politik alles zu langsam. Wobei ich die Langsamkeit vielleicht noch ertragen könnte. Diese sich immer wieder durchsetzende Intriganz jedoch brächte mich an den Rand der Verzweiflung. Wenn Sie sich allein als Beispiel die SPD vornehmen: Die Sozialdemokraten haben nun wirklich jeden eigenen Partei-Chef seit Willy Brandt in Grund und Boden gestaucht. Paradebeispiel war in jüngster Vergangenheit Kurt Beck, der dem Wähler wirklich leidtun konnte. Beck war als Ministerpräsident in Rheinland-Pfalz ein König im eigenen Land. Die Menschen dort haben ihn respektiert und geschätzt. Er wollte auch Ministerpräsident blei-

ben, aber es fand sich niemand, der den Vorsitz der SPD übernehmen wollte. Also ergab er sich aus Pflichtgefühl.
Und was war der Dank der Genossen?
Sie haben ihn behandelt wie einen Aussätzigen und am Ende weggeschmissen wie ein altes Möbelstück.
Andrea Nahles als SPD-Parteichefin ist es später nicht anders ergangen. Allerdings hat sie in der Weise, wie sie seinerzeit umgegangen war mit Franz Müntefering, die Messlatte selbst so tief gelegt, dass sie sich gewiss nicht zu empören braucht über die Art und Weise, wie mit ihr verfahren wurde.
Bei der CDU mögen diese Dinge nicht viel anders laufen. Aber die verbirgt sie etwas besser vor der Öffentlichkeit. Diesen Scheinzusammenhalt in den Parteien könnte ich nicht ertragen.

RN Was denken Sie, wenn Sie erleben, wie schnell Politiker nach ihrer politischen Karriere in der Wirtschaft unterkommen?

MR Da gibt es ja nun leider viele Beispiele. Das aktuelle Paradebeispiel ist natürlich der ehemalige Bundeskanzler Gerhard Schröder. Der in seiner Kungelei mit Putin und in der Rechtfertigung von dessen antidemokratischen Gepflogenheiten nicht zu überbieten ist.
Wenn man da zusieht, fallen einem manchmal wehmütig Vorfälle ein aus alter Zeit, die im Vergleich minimal waren, aber dennoch bezeichnend:
Der von mir durchaus ungeliebte Helmut Kohl hatte ja nun diesen ungeheuren Spendenskandal, der auch noch getoppt wurde, indem er Aussagen verweigerte, die ein Gericht bei jedem normalen Bürger mit Beugehaft erzwungen hätte.
Dies alles tat er offenbar für und im Sinne seiner Partei.
Was das Thema des privaten Vorteils anging, erinnere ich mich jedoch an Folgendes:
Einer von Kohls Söhnen war im Oktober 1991 in Italien schwer verunglückt. Hannelore Kohl flog sofort zu ihm. Und zwar mit der Flugbereitschaft der deutschen Bundeswehr. Helmut Kohl hat dafür am nächsten Tag von sich aus wie selbstverständlich die 20000 Mark für den Flug bezahlt. Obwohl ihm angesichts der dramatischen Umstände

vermutlich niemand einen Vorwurf gemacht hätte, wenn er für den Flug nicht aufgekommen wäre. Bei Angela Merkel würde man ähnliches Verhalten vermuten. Auch Politikern wie Winfried Kretschmann könnte man nichts Anderes nachsagen. Es gibt also schon noch ein paar, denen man die Sucht nach persönlichem Vorteil nicht unterstellen muss. Nur sind das leider Ausnahmen.

RN Gibt es den vielzitierten mündigen Bürger, oder müssen wir uns von diesem Gedanken verabschieden?

MR Es geht immer hoch und runter. Und hin und her. Die Generation, die folgt, steht meist in Opposition zu der vorhergehenden. Das ist ein altes Prinzip, das allen Eltern bekannt ist. Nehmen Sie die jungen Leute, die sich bei Fridays for Future engagieren, die sich aktivieren und weltweit durchaus wirkungsvoll protestieren. Die vorhergehende Generation war politisch eher luschig. Die jetzige ist weitaus mündiger.

RN Lässt sich daraus ableiten, dass sich Geschichte wiederholt?

MR So einfach kann man es sicher nicht sagen.
Aber es ist auffällig, dass bestimmte Dinge, die vor zehn Jahren nicht sagbar gewesen wären, auf einmal sagbar sind. Was zum Beispiel rechtspopulistische Meinungen angeht. Oder geschichtsradikale. Weil diejenigen, die das Dritte Reich bewusst erlebt haben, nur noch einen sehr, sehr geringen Bevölkerungsanteil ausmachen. Aber wir wollen das Interview nicht verderben, indem wir eine bestimmte Partei erwähnen.

RN Eine letzte Frage: Sagen Sie sich manchmal selbst die Meinung?

MR Da können Sie Gift drauf nehmen!

ISBN: 978-3-86489-338-4
224 Seiten
Auch als E-Book erhältlich

Das glanzlose Ende deutscher Kanzlerschaften

Auch Angela Merkel verabschiedet sich wenig rühmlich von der Berliner Bühne. Deutschland ist angesichts der blassen, ja taumelnden Politik merkelmüde geworden. Und so ergeht es der Kanzlerin nicht anders als ihren sieben Vorgängern. Konrad Adenauer musste aus dem Amt getragen werden, Ludwig Erhard wurde rausgeschubst, Willy Brandt zum Rücktritt gezwungen, Helmut Kohls Kanzlerschaft endete in Skandalen, und Gerhard Schröder kegelte sich selbst aus dem Spiel.

Mit seinem neuen Buch erzählt Zudeick von einem eigenartigen und ganz besonderen Phänomen: dem immer wieder bitteren Ende deutscher Kanzlerschaften.